공통어미로 외우는

초간단
영단어
1600

Digis

여러분의 외국어 학습에는 언제나
디지스가 성실한 동반자가 되어줄 것입니다.

단어를 쉽게 암기하려면 어떤 방법이 좋을까요?

노트에 무조건 많이 써야 할까요? 아니면 책에 동그라미 쳐가면서 무조건 달달 외워야
할까요? 아닙니다. **공통어미**로 쉽게 외우면 됩니다.
저자는 단어 암기의 우선순위가 되는 기본 단어들의 **공통어미**를 찾아냈으며, 공통어미
를 중심으로 단어를 쉽게 암기할 수 있도록 체계적으로 정리했습니다.

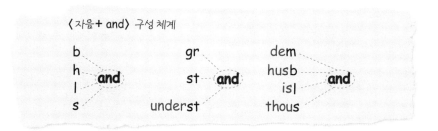

위와 같이 **공통어미**를 중심으로 단어를 암기하면 단어의 구성체계를 이해할 수 있고,
발음과 철자가 쉽게 외워지며, 단어 암기에 소비되는 시간과 노력을 줄일 수 있습니다.
또한, 각 단어들은 최상 ★★★, 상 ★★, 중 ★, 하 (★표 없음) 로 난이도를 구별했습니다.
매 5일차 학습이 끝난 후, 연습문제를 통해서 그동안 학습한 단어들을 확인하고 반복함
으로써 학습 효과를 더욱 높일 수 있으며, 무료 MP3를 통해 단어를 듣고 뜻과 예문을
유추해서 학습한다면 더욱 효과적입니다.

끝으로, 단어는 복잡한 설명에 의해서 쉽게 암기되는 것이 아닙니다.
구성체계의 공통성에 대한 이해를 통해서 쉽게 암기할 수 있음을 거듭 강조합니다.
기존의 복잡한 체계에 얽매이지 말고 이 책이 제시하는 새로운 체계로 단어를 쉽고,
재미있고, 정확하고, 빠르게 암기하길 바랍니다.

기호에 대해서

명 명사　대 대명사　동 동사　형 형용사　부 부사　접 접속사　전 전치사　조 조동사　감 감탄사
유 유의어　반 반의어　파 파생어　동음 동음어　동의 동의어　((cf.)) 비교

이 책의 구성과 활용

 연습문제를 제외한 모든 단어가 녹음되어 있습니다.

공통어미에 의한 체계적 암기

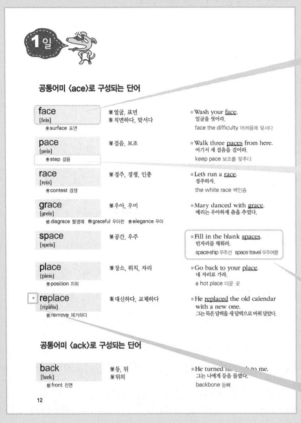

공통어미로 구성되는 단어

공통어미로 이루어진 단어들을 모아서 알파벳과 연관성, 발음에 따라 체계적으로 구성하여 단어의 발음과 철자, 뜻을 쉽고 빠르게 암기할 수 있도록 했다.

관련 어휘

각 단어의 뜻풀이나 어원풀이를 해줌으로써 원리를 통해서 단어를 이해할 수 있으며 그 단어와 관련된 유·반의어, 파생어 및 동음어 등을 달아줌으로써 한 번의 학습으로 관련 단어까지 함께 학습할 수 있는 일석이조의 효과가 있다.

예문

문장이나 짧은 예문을 통해서 단어를 활용할 수 있다. 무작정 단어를 암기하는 것보다는 예문을 통해서 익히는 것이 단어 암기나 활용에 도움이 된다.

단어별 난이도

★★★최상

★★상

★중

✗하

EXCERCISE

매 5일차 학습이 끝난 후 그동안 학습한 단어들을 확인하고 반복 학습한다.
배운 단어를 복습하고 문장 완성 활동이나 여러 문제의 형식을 통해 완전히 내 것으로 만든다.

c o n t e n t s

공통어미에 의한
체계적 암기

공통어미〈ain〉으로 구성된 단어

단어는 복잡한 설명에 의해서 암기되는 것이 아니라, 구성체계의 공통성에 의해서 암기하는 것이 가장 효과적이다.

예를 들어 아래의 단어들은 -ain 이라는 공통 어미에 의해서 구성되어지는 공통점이 있다.

공통어미에 의해서 단어의 구성체계가 쉽게 이해될 뿐만 아니라 발음과 철자가 쉽게 암기되어 기존의 단어를 암기하는데 소비되는 시간을 절약할 수 있고 뜻도 쉽게 암기할 수 있다.

· **g**ain	얻다, 이기다	· **st**ain	얼룩, 더럽히다
· **ag**ain	다시, 또한번 더	· **pl**ain	명백한, 쉬운
· **m**ain	주요한	· **compl**ain	불평하다, 호소하다
· **p**ain	고통. 아픔	· **expl**ain	설명하다
· **ch**ain	쇠사슬	· **cont**ain	포함하다
· **r**ain	비, 비가내리다	· **entert**ain	즐겁게 하다
· **br**ain	뇌, 두뇌	· **maint**ain	유지하다
· **gr**ain	곡식, 낱알	· **obt**ain	얻다, 획득하다
· **tr**ain	열차, 훈련하다	· **rem**ain	남다
· **str**ain	잡아당기다, 긴장시킨다		

공통어미 〈ace〉로 구성되는 단어

face
[feis]
⊕surface 표면

명 얼굴, 표면
동 직면하다, 맞서다

■ Wash your <u>face</u>.
얼굴을 씻어라.
face the difficulty 어려움에 맞서다

pace
[peis]
⊕step 걸음

명 걸음, 보조

■ Walk three <u>paces</u> from here.
여기서 세 걸음을 걸어라.
keep pace 보조를 맞추다

race
[reis]
⊕contest 경쟁

명 경주, 경쟁, 인종

■ Let's run a <u>race</u>.
경주하자.
the white race 백인종

grace
[greis]
⊞disgrace 불명예 ㉠graceful 우아한 ⊕elegance 우아

명 우아, 우미

■ Mary danced with <u>grace</u>.
메리는 우아하게 춤을 추었나.

space
[speis]

명 공간, 우주

■ Fill in the blank <u>spaces</u>.
빈자리를 채워라.
space-ship 우주선 space travel 우주여행

place
[pleis]
⊕position 지위

명 장소, 위치, 자리

■ Go back to your <u>place</u>.
네 자리로 가라.
a hot place 더운 곳

★ replace
[ripléis]
⊞remove 제거하다

동 대신하다, 교체하다

■ He <u>replaced</u> the old calendar
with a new one.
그는 묵은 달력을 새 달력으로 바꿔 달았다.

공통어미 〈ack〉로 구성되는 단어

back
[bæk]
⊞front 전면

명 등, 뒤
형 뒤의

■ He turned his <u>back</u> to me.
그는 나에게 등을 돌렸다.
backbone 등뼈

lack
[læk]
　유 want 부족

명 결핍, 부족
형 부족하다

■ This area lacks water.
이 지역은 물이 부족하다.
a lack of food 식량부족

pack
[pæk]
　파 package 꾸러미 유 burden 짐

명 짐, 꾸러미, 팩
동 짐을 싸다

■ Tom is packing for camps.
톰은 캠프에 갈 짐을 싸고 있다.
a pack of cards 카드 한 벌

sack
[sæk]
　유 bag 자루

명 자루, 부대

■ Mother handed me a sack.
어머니는 나에게 자루를 건네주었다.
a sack of flour 밀가루 1부대

black
[blæk]
　유 dark 캄캄한

명 검은색
형 검은

■ She was dressed in black.
그녀는 검정 옷을 입고 있었다.
blackboard 흑판

★ crack
[kræk]
　유 break 깨지다

명 갈라진 금
동 금이 가다, 깨지다

■ You have cracked the window.
너는 유리창에 금을 냈다.
a crack in the wall 벽의 금

★ track
[træk]
　유 mark 자국

명 지나간 자국,
　자취, 선로

■ I followed the tracks of the car.
나는 자동차 바퀴 자국을 따라 갔다.
racetrack 경주장, 경마장

★ attack
[ətǽk]
　at ~쪽으로 + tack 들러붙다

동 공격하다

■ Our army attacked the enemy.
아군은 적을 공격했다.
heart attack 심장마비

공통어미 〈act〉로 구성되는 단어

act
[ækt]
　파 active 활동적인

명 행위
동 처신하다

■ You must act more wisely.
너는 더 현명하게 처신해야 한다.
an act of war 전쟁행위

fact
[fækt]

명 사실, 진상

■ Tell me the facts of the case.
그 사건의 진상을 말해라.
an interesting fact 재미있는 사실

★ exact
[igzǽkt]
　ex 정확한 + act 행위
　파 exactly 정확하게

형 정확한

■ Tell me the exact time.
정확한 시간을 알려주세요.
an exact match 정확한 일치

1일
2일
3일
4일
5일
6일
7일
8일
9일
10일

contact
[kántækt]
con 함께+tact 만지는 것
명 접촉
동 연락하다
■Please <u>contact</u> me.
연락해 주세요.
body contact 신체 접촉

attract
[ətrǽkt]
at ~쪽으로+tract 끌다
동 (주의·흥미를) 끌다, 매혹하다
■He was <u>attracted</u> by her beauty.
그는 그녀의 아름다움에 마음이 끌렸다.

contract
[kántrækt]
con 함께+tract 끌어내다
명 계약
■I made <u>contract</u> with the company.
나는 그 회사와 계약을 했다.

extract
[ikstrǽkt]
ex 밖으로+tract 끌어내다
동 뽑아내다
■The dentist <u>extracted</u> my rotten teeth.
그 치과의사는 나의 썩은 이를 뽑았다.

abstract
[æbstrǽkt, ㅡ]
형 추상적인
■This is an <u>abstract</u> painting.
이것은 추상화이다.
an abstract idea 추상적 개념

공통어미 〈ad〉로 구성되는 단어

bad
[bæd]
㊞poor 서투른 ㊝good 좋은
형 나쁜, 서투른
■Smoking is <u>bad</u> for health.
흡연은 건강에 해롭다.
a bad cold 독감

dad
[dæd]
㊞father 아빠 ㊝mom 엄마
명 아빠
■<u>Dad</u>, may I go out?
아빠, 나가도 좋아요?
a good dad 좋은 아빠

lad
[læd]
㊞youth 젊은이, boy 소년
명 소년, 젊은이
■The <u>lad</u> is very bright.
그 소년은 매우 영리하다.
a lad with courage 용기있는 젊은이

mad
[mæd]
㊞insane 미친, angry 성난 ㊝sane 제정신의
형 미친, 성난
■He is <u>mad</u> about baseball.
그는 야구에 미쳐있다.
a mad dog 미친 개

sad
[sæd]
㊞sorrowful 슬픈
형 슬픈
■She looks very <u>sad</u>.
그녀는 매우 슬퍼 보인다.
a sad story 슬픈 이야기
sad news 슬픈 소식

glad
[glæd]
⑲happy 즐거운

⟨형⟩ 기쁜, 반가운

■ I am glad at the news.
나는 소식을 듣게 되어 기쁘다.
glad of heart 기꺼이, 기쁘게
glad news 기쁜 소식

공통어미 ⟨ade⟩로 구성되는 단어

★ **fade**
[feid]
become weaker or fainter ⑲wither 시들다

⟨동⟩ 색이 바래다, 꽃이 시들다

■ All the roses have faded.
장미가 모두 시들어버렸다.
fade away 사라지다

shade
[ʃeid]
㈜shadow 그림자

⟨명⟩ 그늘, 어둠

■ He sits in the shade of a tree.
그는 나무 그늘에 앉아 있다.
light and shade 양지와 음지

spade
[speid]

⟨명⟩ 삽

■ He is digging the garden with the spade.
그는 정원을 삽으로 파고 있다.
spade up 삽으로 파다 spadework 삽질

grade
[greid]
⑲rank 계급 ㈜gradually 차츰

⟨명⟩ 성적, 등급, 학년

■ What grade are you in?
너는 몇 학년이니?
high grades 좋은 성적

★ **trade**
[treid]
buying and selling

⟨명⟩ 장사, 무역, 상업

■ My father is in trade.
나의 아버지는 상업을 하신다.
foreign trade 외국 무역

★ **invade**
[invéid]
in 안으로+vade 가다 ㈜invader 침략자

⟨동⟩ 침입하다

■ The enemy invaded the country.
적이 그 나라를 침략했다.

parade
[pəréid]

⟨명⟩ 행렬, 퍼레이드, 행진

■ The parade advanced slowly.
행렬은 천천히 전진했다.

★★ **persuade**
[pəːrswéid]
㈜dissuade 단념시키다

⟨동⟩ 설득하다

■ I tried to persuade him.
나는 그를 설득하려고 노력했다.

1일

2일

3일

4일

5일

6일

7일

8일

9일

10일

공통어미 〈age〉로 구성되는 단어

age
[eidʒ] ▼age[eidʒ]
㈜period 시대

명 나이, 세대

■He looks young for his <u>age</u>.
그는 나이에 비해서 젊어 보인다.
the Stone Age 석기 시대

★★ **rage**
[reidʒ]
㈜anger 분노 ㈰calm 평온, 고요함

명 분노, 격노

■Father is in a <u>rage</u>.
아버지는 화가 나 계시다.

★ **wage**
[weidʒ]
㈜payment 보수, 보상

명 임금, 품삯

■His <u>wages</u> are $30 a week.
그는 1주일에 30달러를 받는다.
high[low] wage 높은[낮은] 임금

stage
[steidʒ]
㈜phase 단계

명 무대, 시기, 단계

■She appeared on the <u>stage</u>.
그녀가 무대 위에 나타났다.
the early stage 초기 단계

★★ **engage**
[ingéidʒ]
㈜employ 고용하다 ㈘engagement 약혼, 약속

동 고용하다, 약속하다

■He <u>engaged</u> the woman as a guide.
그는 그 여자를 안내원으로 고용했다.
an engaged person 약혼자

★ **average**
[ǽvəridʒ] ▼age[idʒ]
㈜middle 중간의, 평균의

명 평균
형 평균의

■Tom's school work is below <u>average</u>.
톰의 학업 성적은 평균 이하이다.

★ **courage**
[kə́:ridʒ]
㈜bravery 용감 ㈘encourage 격려하다

명 용기

■I have the <u>courage</u> to tell the truth.
나는 진실을 말할 용기가 있다.

★ **damage**
[dǽmidʒ]
㈜harm 해, 손해

명 손해, 피해

■The flood did much <u>damage</u> to the crop.
그 홍수는 농작물에 큰 피해를 주었다.

image
[ímidʒ]

명 이미지, 상, 모습

■Whose <u>image</u> is on a dollar bill?
이 달러 지폐에는 누구의 모습이 있니?
a real image 실제 이미지

★ **manage** [mǽnidʒ] ⊕control 관리하다	图 경영[관리]하다, 다루다	■He <u>manages</u> a hotel. 그는 호텔을 경영하고 있다. manage the problem 문제를 다루다	

★ **manage**
[mǽnidʒ]
  ⊕control 관리하다
图 경영[관리]하다, 다루다
■He <u>manages</u> a hotel.
그는 호텔을 경영하고 있다.
manage the problem 문제를 다루다

★ **language**
[lǽŋgwidʒ]
图 언어
■How many <u>languages</u> do you speak?
너는 몇 개 국어를 할 수 있니?

★★ **advantage**
[ədvǽntidʒ]
  ⊕benifit 이익
图 유리한 점, 이익
■This machine has lots of <u>advantage</u> over handwork.
이 기계는 수작업으로 하는 것 보다 많은 이점이 있다.

공통어미 〈aid〉로 구성되는 단어

★ **aid**
[eid]
  ⊕help 돕다
图 돕다, 거들다
■He <u>aided</u> me in washing dishes.
그는 내가 설거지 하는 것을 도왔다.
foreign aid 외국의 원조

maid
[meid]
  ⊕virgin 처녀
图 처녀, 하녀, 가정부
■Our <u>maid</u> works very hard.
우리 집 가정부는 매우 열심히 일한다.
an old maid 노처녀

★ **raid**
[reid]
  ⊕sudden attack 습격
图 습격
■Many people were killed by air <u>raid</u>.
공습으로 많은 사람이 죽었다.

★ **afraid**
[əfréid]
图 두려워하여
■I was <u>afraid</u> of making mistakes.
나는 실수하는 것을 두려워했다.

공통어미 〈ail〉로 구성되는 단어

fail
[feil]
  ⊞succeed 성공하다 国failure 실패
图 실패하다
■All our plans <u>failed</u>.
우리 계획은 모두 실패했다.
without fail 틀림없이, 꼭

★ **hail**
[heil]
  图음hale 건강한
图 우박
图 우박이 내리다
■It is <u>hailing</u> in Seoul.
서울에는 우박이 내리고 있다.

1일
2일
3일
4일
5일
6일
7일
8일
9일
10일

17

★ jail
[dʒeil]
⊕prison 교도소

명 형무소, 감옥

■ That building is the city <u>jail</u>.
저 건물은 시 교도소이다.
go to jail 감옥에 가다

mail
[meil]
통音 male 수컷

명 우편, 우편물
통 우송하다, 우편으로 보내다

■ Please send this book by <u>mail</u>.
이 책은 우편으로 보내시오.
mailbox 우체통

nail
[neil]
⊕claw 짐승의 발톱

명 손톱, 발톱, 못

■ I need some <u>nails</u> and a hammer.
나는 못과 망치가 필요하다.
do the nails 손톱 손질을 하다

★ pail
[peil]
통音 pale 창백한

명 물통, 양동이

■ He had a <u>pail</u> in one hand.
그는 한 손에 물통을 들고 있었다.

rail
[reil]

명 선로, 철도

■ They sent the furniture by <u>rail</u>.
그들은 가구를 철도편으로 보냈다.
railroad, railway 철도

sail
[seil]
派 sailor 선원   통音 sale 판매

명 돛
통 항해하다

■ The ship <u>sailed</u> for Pusan.
그 배는 부산을 향해 출발했다.

snail
[sneil]

명 달팽이

■ I saw a <u>snail</u> in the grass.
나는 풀밭에서 달팽이를 보았다.
a slow snail 느린 달팽이

tail
[teil]
反 head 머리

명 꼬리

■ My cat has a long <u>tail</u>.
내 고양이는 꼬리가 길다.
tail feather 꼬리 깃, 꽁지

★ detail
[ditéil]
de 완전히+tail 자른 것

명 세부, 상세

■ Tell me in <u>detail</u>.
상세하게 말해 주세요.
detail explanation 자세한 설명

공통어미 〈ain〉로 구성되는 단어

★ gain
[gein]
⊕win 이기다

통 얻다, 이기다

■ He <u>gained</u> the first prize.
그는 1등상을 탔다.
nothing to gain 얻을 것이 없는

again
[əgéin]
분 또, 다시

■ Don't be late <u>again</u>.
다시는 늦지 마라.
once again 다시 한 번

1일

main
[mein]
형 주요한
유 chief 주요한

■ Our <u>main</u> office is in Seoul.
우리 본사는 서울에 있다.
the main street 큰 거리

2일

pain
[pein]
명 고통, 아픔
유 ache 아픔 파 painful 고통스러운

■ I have stomach <u>pain</u>.
나는 배가 아프다.

chain
[tʃein]
명 쇠사슬
유 bondage 구속

■ His dog is on the <u>chain</u>.
그의 개는 쇠사슬에 묶여 있다.
a chain store 체인점

3일

rain
[rein]
명 비
동 비가 내리다
동음 reign 통치

■ We will have <u>rain</u> tomorrow.
내일은 비가 올 것이다.
a heavy rain 호우

4일

brain
[brein]
명 뇌, 두뇌
유 intelligence 지력

■ She has a good <u>brain</u>.
그녀는 머리가 좋다.
brain activity 두뇌 활동

5일

★ **grain**
[grein]
명 곡식, 낟알
유 corn 곡식

■ My father grows <u>grain</u>.
나의 아버지는 곡식을 재배한다.
grain harvest 곡물 수확

6일

train
[trein]
명 열차
동 훈련하다

■ We missed the last <u>train</u>.
우리는 마지막 열차를 놓쳤다.
an express train 급행 열차
train a dog 개를 길들이다

7일

★★ **strain**
[strein]
동 잡아당기다, 긴장시키다
유 pull hard 잡아당기다

■ He <u>strained</u> a rope to break.
그는 줄을 잡아 당겨 끊었다.
strained relation 긴장 관계

8일

★ **stain**
[stein]
명 얼룩
동 더럽히다
유 spot 오점

■ The dress is <u>stained</u> with blood.
그 드레스는 피로 얼룩져 있다.
stainless 녹슬지 않는

9일

★ **plain**
[plein]
형 명백한, 쉬운, 간단한
유 clear 명백한 동음 plane 비행기

■ Answer in <u>plain</u> English.
쉬운 영어로 답하라.
plain food 검소한 식사

10일

★ **complain** [kəmpléin]	통 불평하다, 호소하다	■ He often <u>complains</u> of headaches. 그는 종종 두통을 호소한다.
★ **explain** [ikspléin] ex 밖으로+plain 나타나다	통 설명하다	■ The teacher <u>explained</u> the meaning. 선생님이 그 뜻을 설명했다.
★ **contain** [kəntéin]	통 포함하다	■ This can <u>contains</u> four gallons of oil. 이 깡통에는 4갤런의 기름이 있다.
★ **entertain** [èntərtéin]	통 즐겁게 하다, 대접[환대]하다	■ The circus <u>entertrained</u> the children. 서커스는 아이들을 즐겁게 했다.
★ **maintain** [meintéin]	통 유지하다	■ The driver <u>maintained</u> a high speed. 운전사는 고속을 유지했다.
★ **obtain** [əbtéin]	통 얻다, 획득하다	■ He studied hard to <u>obtain</u> his object. 그는 목적을 달성하기 위해 열심히 공부했다.
★ **remain** [riméin] re 뒤에+main 남다	통 남다, ~인체로 남다	■ They will <u>remain</u> in Jeju. 그들은 제주도에 머무를 것이다. remain silent 침묵을 지키고 있다

공통어미 〈air〉로 구성되는 단어

air
[ɛər]
the mixture of gases

몡 공기, 공중

■We cannot live without <u>air</u>.
우리는 공기 없이는 살 수 없다.
fresh air 신선한 공기

★ **fair**
[fɛər]
㈜ beautiful 아름다운

휑 공정한, 맑은

■Our teacher is <u>fair</u> to us.
우리 선생님은 우리에게 공평하게 하신다.
a fair weather 맑은 날씨

hair
[hɛər]
통음 hare 산토끼

몡 털, 머리털

■She is combing her <u>hair</u>.
그녀는 머리를 빗고 있다.
haircut 이발

pair
[pɛər]
㈜ couple 부부

몡 한 쌍, 한 벌

■I want a <u>pair</u> of shoes.
나는 신발 한 켤레가 필요하다.
a pair of gloves 장갑 한 켤레

chair
[tʃɛər]

몡 의자

■Bill has a desk and <u>chair</u>.
빌은 책상과 의자를 갖고 있다.
chairman 의장

★ **affair**
[əfɛər]
㈜ event 사건

몡 사건, 일

■I attend many school <u>affairs</u>.
나는 많은 학교 행사에 참가한다.
family affair 집안 일

★ **repair**
[ripɛ́əːr]
㈜ mend 수선하다 ㈝ break 깨뜨리다

통 고치다, 수리하다

■My brother <u>repaired</u> this radio.
내 형이 라디오를 수리했다.
repair a watch 시계를 수리하다

stair
[stɛəːr]
통음 stare 응시하다

몡 계단

■He is going up the <u>stairs</u>.
그는 계단을 올라가고 있다.
stairway 계단

upstairs
[ʌ́pstɛ́əːrz]
up 위로+stairs 층계

뷔 2층으로[에], 위층으로[에]

■Tom ran <u>upstairs</u>.
톰은 2층으로 뛰어 올라갔다.
an upstairs room 2층방

downstairs
[daunstéərz]
down 아래로+stairs 총계

(부)아래층으로[에]

■ My room is <u>downstairs</u>.
내 방은 아래층에 있다.

a downstairs room 아래층방

공통어미 〈ake〉로 구성되는 단어

bake
[beik]
(파)baker 빵 굽는 사람, bakery 빵집

(동)빵을 굽다

■ Mother is <u>baking</u> bread.
어머니는 빵을 굽고 있다.

lake
[leik]

(명)호수

■ They went fishing to the <u>lake</u>.
그들은 호수에 낚시하러 갔다.

a large lake 큰 호수

make
[meik]
(유)create 창조하다

(동)만들다

■ Mary can <u>make</u> a pretty doll.
메리는 예쁜 인형을 만들 수 있다.

make a promise 약속하다

take
[teik]
(유)accept 받다 (반)give 주다

(동)잡다, 받다, 가지고 가다,
네리고 가다

■ He <u>took</u> me home in his car.
그는 나를 자동차로 집까지 데려다 주었다.

take a bath 목욕하다

mistake
[mistéik]
(유)error 실수

(명)실수

■ Don't make the same <u>mistake</u>
again.
같은 잘못을 되풀이 하지 마세요.

wake
[weik]
to stop sleeping (반)sleep 잠자다

(동)(잠을) 깨우다, 깨다

■ Please <u>wake</u> me up at six.
6시에 나를 깨워 주세요.

wake up 잠을 깨다, 일어나다

★ **awake**
[əwéik]

(동)깨다, 깨우다
(형)깨어있는

■ Is he <u>awake</u> or asleep?
그는 깨어 있어요, 아니면 자고 있어요?

shake
[ʃeik]
(유)tremble 떨다 (파)shaky 떨리는

(동)떨다, 흔들다

■ Don't <u>shake</u> the tree.
나무를 잡고 흔들지 마세요.

snake
[sneik]
a long, thin reptile

(명)뱀

■ I hate rats and <u>snakes</u>.
나는 쥐와 뱀을 싫어한다.

a big snake 큰 뱀

공통어미 〈ale〉로 구성되는 단어

★ **male**
[meil]
[통훌]mail 우편물

명 남성, 수컷
형 남성의, 수컷의

■ <u>Male</u> lions usually sleep all day.
수사자들은 보통 하루종일 잠을 잔다.
male bees 수벌들

1일

★ **female**
[fiːméil]
[반]male

명 여성, 암컷
형 여성의, 암컷의

■ The queen bee is the biggest <u>female</u> bee.
여왕벌은 가장 큰 암벌이다.
a female soccer player 여성 축구선수

2일

★ **pale**
[peil]
[통훌]pail 물통

형 창백한

■ She looks very <u>pale</u>.
그녀는 매우 창백해 보인다.
turn pale 창백해지다

3일

sale
[seil]
[반]purchase 구입　[통훌]sail 항해하다

명 판매, 염가 판매

■ This picture is for <u>sale</u>.
이 그림은 팔 것이다.
a cash sale 현금판매

4일

tale
[teil]
[유]story 이야기　[통훌]tail 꼬리

명 이야기

■ Tom loves to hear fairy <u>tale</u>.
톰은 옛날이야기 듣는 것을 좋아한다.
a tale of adventure 모험담

5일

whale
[ʰweil]
a large sea mammal

명 고래

■ The <u>whale</u> is not a fish.
고래는 물고기가 아니다.
whale fishing 고래잡이

6일

scale
[skeil]

명 저울, 저울눈, 규모

■ He weighed the meat on the <u>scales</u>.
그는 저울로 고기를 달았다.
a large[smal] scale 대[소]규모

7일

8일

공통어미 〈alf〉로 구성되는 단어

calf
[kɑːf]

명 송아지

■ There is a <u>calf</u> in the meadow.
초원에 송아지 한마리가 있다.
a young calf 어린 송아지

9일

half
[hɑːf]

명 절반, 30분
형 절반의

■ <u>Half</u> of six is three.
6의 절반은 3이다.
a half moon 반달

10일

23

★ **behalf**
[bihǽːf]
鸳benefit, advantage 이익

圐이익

■I went there on <u>behalf</u> of him.
나는 그를 대신해서 거기에 갔다.
on behalf of~ ~을 대신하여
in behalf of~ ~을 위하여

공통어미 〈alk〉로 구성되는 단어

talk
[tɔːk]
鸳speak 말하다

圐이야기
圐이야기하다

■Let's <u>talk</u> in English.
영어로 이야기 하자.
talk about ~에 관해 이야기하다

walk
[wɔːk]

圐걷기, 산책
圐걷다

■Let's <u>walk</u> to the lake.
호수까지 걸어가자.
take a walk 산책하다

chalk
[tʃɔːk]

圐분필

■I need two pieces of <u>chalk</u>.
나는 두 개의 분필이 필요하다.
a piece of chalk 분필 한 개

★ **stalk**
[stɔːk]
the main stem of plants

圐(식물의) 줄기

■Green leaves are growing on a <u>stalk</u>.
푸른 잎이 줄기에서 자라고 있다.

공통어미 〈all〉로 구성되는 단어

all
[ɔːl]
鸳whole 전부의

圐모든, 전부의

■<u>All</u> the students like holidays.
모든 학생들은 휴일을 좋아한다.
all day long 하루종일

ball
[bɔːl]
鸳baseball 야구

圐공, 야구

■He likes to play <u>ball</u>.
그는 공놀이를 좋아한다.
a fast ball 속구

call
[kɔːl]
鸳visit 방문하다

圐부르다, 방문하다, 전화하다

■I will <u>call</u> the police.
나는 경찰을 부를 것이다.
give ~ a call ~에게 전화걸다

fall
[fɔːl]
逜rise 상승하다

圐가을
圐떨어지다

■Snow is <u>falling</u> fast.
눈이 줄기차게 내리고 있다.
waterfall 폭포

hall
[hɔːl]
⊕entrance 입구

®회관, 현관, 홀

■ The dining <u>hall</u> was full.
식당은 만원이다.
a city hall 시청

1일

tall
[tɔːl]
⊕high 높은

®키가 큰, (건물이) 높은

■ He is very <u>tall</u>.
그는 키가 매우 크다.
a tall boy 키가 큰 소년

2일

wall
[wɔːl]
⊕fence 울타리

®벽, 성벽

■ There is a picture on the <u>wall</u>.
벽에 한 장의 그림이 걸려있다.
high walls 높은 성벽

small
[smɔːl]
⊞big, large 큰

®작은, 적은

■ This hat is too <u>small</u> for me.
이 모자는 나에게 너무 작다.
small mistakes 작은 실수

3일

4일

공통어미 〈am〉으로 구성되는 단어

dam
[dæm]
⑧⑨damn 저주하다

®둑, 방축, 댐
⑧둑으로 막다

■ There is big <u>dam</u> up this river.
이 강의 상류에 큰 댐이 있다.
a water-storage dam 저수용 댐

5일

jam
[dʒæm]

®잼, 혼잡
⑧꼭 채우다

■ I like strawberry <u>jam</u>.
나는 딸기 잼을 좋아한다.
traffic jam 교통체증

6일

exam
[igzǽm]
examination 시험

®시험

■ He has passed the <u>exam</u>.
그는 시험에 합격했다.
fail in the exam 낙제하다

7일

gram
[græm]
unit of weight 무게의 단위

®그램 무게 단위

■ A <u>gram</u> is the unit of weight.
그램은 무게의 단위이다.

8일

program
[próugræm]
pro 미리+gram 쓰다
⊕plan 계획

®프로그램, 계획

■ This TV <u>program</u> is interesting.
이 TV프로그램은 재미있다.
a space program 우주계획

9일

10일

공통어미 〈ame〉로 구성되는 단어

★ **fame**
[feim]
명 명성, 평판
파 famous 유명한 　유 reputation 평판

■ He is a man of <u>fame</u>.
그는 이름 있는 사람이다.
the Hall of Fame 명예의 전당

game
[geim]
명 놀이, 경기, 시합
반 work 노동

■ They are watching a baseball <u>game</u>.
그들은 야구 경기를 구경하고 있다.
a card game 카드놀이

★ **lame**
[leim]
형 절름발이의
유 imperfection 불완전한

■ He became <u>lame</u> after the accident.
그는 사고 후 절름발이가 되었다.

name
[neim]
명 이름
동 이름 짓다
파 nameless 이름 없는

■ My <u>name</u> is John.
제 이름은 존입니다.
nickname 별명, family name 성

same
[seim]
형 같은, 동일한
유 equal 같은　반 other 다른

■ Tom and I are in the <u>same</u> class.
톰과 나는 같은 반이다.
the same age 동갑

★ **tame**
[teim]
형 길들인, 온순한
동 길들이다
유 gentle 온화한

■ A sheep is a very <u>tame</u> animal.
양은 매우 온순한 동물이다.
tame animals 동물을 길들이다

★ **shame**
[ʃeim]
명 부끄럼, 수치
반 glory 영광, honour 명예

■ Her face was hot with <u>shame</u>.
그녀의 얼굴은 부끄러워서 붉어졌다.

★ **blame**
[bleim]
동 나무라다, 탓하다
명 비난, 책망
유 scold 꾸짖다　반 praise 칭찬하다

■ Don't <u>blame</u> others.
다른 사람을 탓하지 마라.

★ **flame**
[fleim]
명 불꽃, 열정
유 flash 섬광, passion 열정

■ The house was in <u>flames</u>.
그 집은 불타고 있었다.

| ★ **frame**
[freim] | 명 틀, 뼈대, 체격 | ■He was a man of heavy <u>frame</u>.
그 사람은 체격이 육중했다.
a frame of mind 기분 |

1일

공통어미 〈amp〉로 구성되는 단어

2일

| **camp**
[kæmp]
to live in a tent | 명 캠프, 야영 | ■I had a good time at <u>camp</u>.
나는 캠프에서 즐겁게 보냈다.
campsite 야영지, 캠프장 |

3일

| ★ **damp**
[dæmp]
유slightly wet 축축한 | 형 축축한, 습기 찬 | ■This room is <u>damp</u>.
이 방은 습기가 찬다.
a damp cloth 축축한 헝겊 |

| **lamp**
[læmp] | 명 램프, 등, 등불 | ■She put out a <u>lamp</u>.
그녀는 등불을 껐다.
an electric lamp 전등
street lamps 가로등 |

4일

| **stamp**
[stæmp] | 명 우표, 도장 | ■I collect foreign <u>stamps</u>.
나는 외국 우표를 모은다.
stamp collector 우표 수집가 |

5일

6일

공통어미 〈an〉으로 구성되는 단어

7일

| **can**
[kæn]　▼an[æn]
유container | 조 ~할 수 있다, ~해도 좋다
명 깡통 | ■I <u>can</u> run very fast.
나는 매우 빨리 달릴 수 있다.
garbage can 쓰레기 통 |

| **fan**
[fæn]
유follower | 명 부채, 선풍기,
팬, 지지자 | ■He has a <u>fan</u> in his hand.
그는 손에 부채를 가지고 있다.
a baseball fan 야구팬 |

8일

| **man**
[mæn]
유person 사람, human 사람 | 명 남자, 사람 | ■A <u>man</u> cannot live on the moon.
인간은 달에서 살 수 없다.
man and wife 부부 |

9일

| **pan**
[pæn]
a metal container | 명 납작한 냄비 | ■She is washing a <u>pan</u>.
그녀는 냄비를 닦고 있다.
a frying pan 프라이팬 |

10일

than
[ðæn]
웹 ~보다

He is taller <u>than</u> I am.
그는 나보다 키가 크다.

plan
[plæn]
⑲program 계획
몡 계획
통 계획하다

We are <u>planning</u> a party.
우리는 파티를 계획하고 있다.
a plan for tour 여행계획

★ **orphan**
[ɔ́ːrfən]   ▼an[ən]
팸orphanage 고아원
몡 고아

He offered money for <u>orphans</u>.
그는 고아를 위하여 돈을 냈다.

공통어미 ⟨ance⟩로 구성되는 단어

dance
[dæns]   ▼ance[æns]
팸dancer 무용가
몡 춤, 무용
통 춤을 추다

They <u>danced</u> to the music.
그들은 음악에 맞추어 춤을 추었다.
a folk dance 민속춤

chance
[tʃæns]
⑲opportunity 기회
몡 기회, 가능성

Don't miss this <u>chance</u>!
이 기회를 놓치지 마세요.
a second chance 다시 한 번의 기회

★ **glance**
[glæns]
뽠stare 빤히 보다
통 힐끗 보다
몡 힐끗 쳐다 봄

I got angry that he took a <u>glance</u> at me.
그가 나를 힐끗 보았기 때문에 화가 났다.

★ **advance**
[ədvæns]
ad 앞으로+vance 가다
통 진보하다, 전진하다
휑 선발의, 사전의

She <u>advanced</u> in English greatly.
그녀의 영어실력은 많이 발전했다.
advance ticket 예매표

balance
[bǽləns]   ▼ance[əns]
몡 저울, 균형
통 균형을 잡다

A <u>balance</u> is used to weigh things.
저울은 물건의 무게를 재는 데 쓰인다.
a balanced diet 균형잡힌 식사

distance
[dístəns]
몡 거리

Ten miles is quite a <u>distance</u>.
10마일은 상당한 거리이다.
a long distance 먼 거리

★ **instance**
[ínstəns]
⑲example 예
몡 예, 보기

This is just one <u>instance</u>.
이것은 다만 하나의 예일 뿐이다.
for instance 예를 들어, 예를 들면

공통어미 〈and〉로 구성되는 단어

band
[bænd] ▼and[ænd]
圄group 무리

圆 띠, 끈, 악대, 무리

1일

■ We went to a <u>band</u> concert.
우리는 밴드 콘서트에 갔다.
a military band 군악대

hand
[hænd]
圕foot 발

圆 손
圕 건네주다

2일

■ I <u>handed</u> the book to him.
나는 그에게 책을 건네 주었다.
the right hand 오른손

land
[lænd]
圄earth 땅 圕sea, water 바다, 물

圆 땅, 나라, 육지

3일

■ Korea is my native <u>land</u>.
한국은 나의 조국이다.
mainland 본토

sand
[sænd]
圕sandy 모래의

圆 모래

4일

■ Boys are playing on the <u>sands</u>.
소년들이 모래밭에서 놀고 있다.
sand soil 모래땅

grand
[grænd]
圄great 큰

圀 웅대한, 장대한, 큰

5일

■ He lives in a <u>grand</u> house.
그는 웅장한 저택에서 살고 있다.
a grand view 장엄한 전망

stand
[stænd]
圄endure 참다, suffer 참고 견디다

圕 서다, 서 있다, 참다

6일

■ He is <u>standing</u> by the window.
그는 창문 옆에 서 있다.
stand up 일어서다

understand
[ʌndərstǽnd]
圕misunderstand 오해하다 圕understanding 이해

圕 이해하다, 알다

7일

■ Do you <u>understand</u> me?
내 말을 이해하십니까?

★ demand
[dimǽnd]
圕supply 공급하다

圆 수요
圕 요구하다

8일

■ The work <u>demands</u> great care.
그 일은 세심한 주의를 요한다.
demand and supply 수요와 공급

husband
[hʌ́zbənd] ▼and[ənd]
圕wife 부인

圆 남편

9일

■ They are <u>husband</u> and wife.
그들은 부부이다.
a good husband 훌륭한 남편

island
[áilənd]
is(고립된)+land(땅)

圆 섬

■ They live on a small <u>island</u>.
그들은 작은 섬에서 살고 있다.
an island country 섬나라

10일

thousand
[θáuzənd]

圆 1,000, 천 숫자
圀 1,000의

■ I have five <u>thouthand</u> dollars.
나는 5,000 달러를 가지고 있다.

공통어미 〈ane〉로 구성되는 단어

★ **lane**
[lein]
ⓥnarrow road 좁은 길

몡좁은 길, 샛길

■This is a four-<u>lane</u> highway.
이것은 4차선 간선도로이다.

★★ **sane**
[sein]
ⓥsound 건전한　쀈insane 미친

쀻제정신의

■The opposite of <u>sane</u> is mad.
'sane' 의 반대는 'mad 미친' 이다.

a sane thought 건전한 사상

★ **crane**
[krein]

몡두루미, 기중기

■A <u>crane</u> has a very long neck.
두루미는 매우 긴 목을 가지고 있다.

a long neck crane 목이 긴 두루미
lift with a crane 기중기로 들어올리다

plane
[plein]
쀯plain 쉬운

몡비행기

■He came back from Japan by
<u>plane</u>.
그는 비행기를 타고 일본에서 돌아왔다.

airplane 비행기

공통어미 〈ange〉로 구성되는 단어

★ **range**
[reindʒ]

몡줄, 열, 범위,
(요리용) 레인지

■He has a wide <u>range</u> of
knowledge.
그는 광범위한 지식을 갖고 있다.

a gas range 가스레인지

★★ **arrange**
[əréindʒ]
ⓥput in order 정돈하다

쁹정돈하다, 배열하다

■Tom <u>arranged</u> his books on
the shelf.
톰은 선반에 있는 책을 정돈했다.

arrange flowers 꽃꽂이하다

strange
[streindʒ]
쀈familiar 낯익은

쀻이상한, 낯선

■A <u>strange</u> thing happened.
이상한 일이 일어났다.

a strange man 낯선 사람

30

change
[tʃeindʒ]
  ㉦vary 변하다

명 변화
동 변하다, 바꾸다

■ He <u>changed</u> his mind very soon.
그는 곧 마음이 변했다.
change the money 환전하다

★ exchange
[ikstʃéindʒ]
  ex 서로+change 바꾸다

명 교환
동 교환하다

■ Bob <u>exchanged</u> seats with Jack.
밥은 잭과 자리를 바꾸었다.
foreign exchange 외국환

공통어미 ⟨ank⟩로 구성되는 단어

bank
[bæŋk]
  ㉦dam 둑, 제방

명 은행, 둑, 제방

■ What time does the <u>bank</u> close?
은행은 몇 시에 닫습니까?
a blood bank 혈액은행
bankbook 은행통장

rank
[ræŋk]
  ㉦grade 등급

명 계급, 지위, 등급

■ He is a man of high <u>rank</u>.
그는 신분이 높은 사람이다.
low rank 낮은 계급

sank
[sæŋk]
  past of sink

동 sink 가라앉다의 과거

■ The ship <u>sank</u> quickly.
그 배는 순식간에 침몰했다.

tank
[tæŋk]
  container for liquids

명 큰 물통, 전차

■ This is the <u>tank</u> for gas.
이것은 가스탱크이다.
the tank for water 물탱크

thank
[θæŋk]
  ㉲thankful 감사하는

명 감사
동 감사하다

■ <u>Thank</u> you for your coming.
와 주셔서 감사합니다.
a letter of thanks 감사의 편지

★ blank
[blæŋk]
  ㉦bare 벌거벗은

명 공백, 여백
형 공백의, 백지의

■ Bring me a <u>blank</u> sheet of paper.
백지 한 장 가지고 와라.

★ frank
[fræŋk]
  ㉦honest 정직한

형 솔직한, 정직한

■ Will you be <u>frank</u> with me?
솔직히 말해 줄 수 있니?
frank opinion 솔직한 의견

공통어미 〈ant〉로 구성되는 단어

ant
[ænt] ▼ant[ænt]
a small crawling insect

명 개미

■ An <u>ant</u> is a small insect.
개미는 작은 곤충이다.
a small ant 작은 개미

★ ## pant
[pænt]
to take quick breaths

동 헐떡거리다

■ The dog is <u>panting</u>.
개가 헐떡거리고 있다.

pants
[pænts]
⑪trousers 바지

명 바지

■ Bill wears his new <u>pants</u>.
빌은 새 바지를 입고 있다.
spare pants 여벌 바지

plant
[plænt]
파planter 재배자

명 식물
동 심다

■ Many <u>plants</u> bloom in spring.
많은 식물들이 봄에 꽃을 피운다.
animals and plants 동·식물

★ ## grant
[grænt]
⑪allow 허락하다 반refuse 거절하다

명 허가, 인가
동 허락하다, 인정하다

■ I <u>granted</u> her request.
나는 그녀의 요구를 들어 주었다.
government grant 정부 허가

want
[wɔːnt] ▼ant[ɔnt]
⑪desire 바라다

동 원하다, 바라다

■ What movie do you <u>want</u> to see?
너는 어떤 영화를 보고 싶어?

giant
[dʒáiənt] ▼ant[ənt]

명 거인, 거물
형 거대한

■ He is a <u>giant</u> in the business world.
그는 재계의 거물이다.
giant size 특대 사이즈

elephant
[éləfənt]
a very large mammal

명 코끼리

■ An <u>elephant</u> has a long trunk.
코끼리는 긴 코를 가지고 있다.
the African elephant 아프리카 코끼리

★ ## merchant
[mə́ːrtʃənt]

명 상인

■ This is a <u>merchant</u> ship.
이것은 상선이다.
The Merchant of Venice 베니스의 상인

32

공통어미 〈ap〉로 구성되는 단어

cap
[kæp]
㊌cover 덮개

명 모자, 뚜껑

■Put on your <u>cap</u>.
모자를 써라.
a bottle cap 병뚜껑

1일

gap
[gæp]
㊌space 공간

명 갈라진 틈, 틈새, 차이

■The dog went through a <u>gap</u>.
개는 갈라진 틈으로 빠져 나갔다.
the generation gap 세대 차이

2일

lap
[læp]
the tops of legs

명 무릎

■She held her baby on her <u>lap</u>.
그녀는 무릎 위에 아기를 안고 있었다.

3일

map
[mæp]

명 지도

■This is the <u>map</u> of Korea.
이것은 대한민국 지도이다.
a weather map 일기도

4일

★ **nap**
[næp]

명 선잠, 낮잠
동 선잠자다

■I had a short <u>nap</u>.
나는 잠깐 낮잠을 잤다.
take a nap 잠깐 자다, 선잠자다

5일

★ **tap**
[tæp]
to strike lightly

동 가볍게 두드리다
명 가볍게 두드림, 꼭지

■He <u>tapped</u> me on the shoulder.
그는 내 어깨를 가볍게 쳤다.
tap dance 탭댄스

6일

clap
[klæp]
to hit the palms

동 손뼉을 치다

■I <u>clapped</u> my hands.
나는 손뼉을 쳤다.
give a clap 박수를 보내다

7일

★ **slap**
[slæp]
㊌strike 치다

동 찰싹 때리다

■She <u>slapped</u> me on the face.
그녀는 내 얼굴을 찰싹 때렸다.

8일

★ **snap**
[snæp]
㊌crack 쪼개다

동 뚝 부러지다
명 딱 하는 소리

■The branch <u>snapped</u> off.
가지가 뚝 부러졌다.

9일

★ **trap**
[træp]
㊌trick 속임수

명 덫, 함정

■We catch a mouse in a <u>trap</u>.
우리는 덫으로 쥐를 잡는다.
a mouse trap 쥐덫

10일

wrap
[ræp]   ▼w[묵음]
㊌envelop 싸다

동 포장하다, 싸다

■She <u>wrapped</u> the present in paper.
그녀는 선물을 종이에 쌌다.

33

step1 영어를 우리말로, 우리말을 영어로 바꾸시오.

1 repair _____

2 invade _____

3 engage _____

4 gap _____

5 affair _____

6 behalf _____

7 tame _____

8 glance _____

9 grant _____

10 manage _____

11 결핍, 부족, 부족하다 _____

12 뽑아내다 _____

13 명성, 평판 _____

14 포함하다 _____

15 창백한 _____

16 시험 _____

17 고아 _____

18 예, 보기 _____

19 정돈하다, 배열하다 _____

20 헐떡거리다 _____

step2 우리 말과 같은 뜻이 되도록 빈칸을 채우시오.

1 그녀의 옷은 그의 눈길을 끌었다.

Her dress _____ his eyes.

2 이 장비는 돈을 아끼는 데 많은 이점이 있다.

This device has lots of _____ in saving money.

3 이 책들은 판매용이 아니다.

These books are not for _____.

4 한국의 경제는 짧은 기간 안에 많이 발전했다.

Korean economy_____ greatly in a short term.

5 이 음식을 신선하게 유지하기 위해 포장할 필요가 있다.

This food needs to be _____ to keep fresh.

|step3| 다음 문장의 문맥에 맞게 알맞은 단어를 고르시오.

1 The picture was (stained /strained) with dirt.

2 Please tell me the story in (pail/detail).

3 We have (complained /maintained) about the problem for a long time.

4 This homework (understands /demands) a lot of difficult skills.

5 He is at the highest (rank /race) in the group.

6 The wall was (cracked /attacked) by the rain yesterday.

7 It is hard to (contact /extract) him because he is not in Korea.

8 We took a (nap /glance) for a few hours after lunch.

9 There is a wide (range /scale) of choice to make your own drink.

10 I believe she is very (blank/frank) because she only tells the (exact /fact).

|step4| 다음의 〈보기〉중에서 각 문장의 빈칸에 알맞은 것을 고르시오.

┌ 보기 ─────────────────────────
  space   sane   replace   courage   plain
└──────────────────────────────

1 It is hard to maintain a _____ mind when your in real pain.

2 I'm not sure if there is a _____ to put this furniture in that room.

3 _____ is the most important thing when your on the stage.

4 The exam was quite difficult, but it was _____ for some people.

5 I don't know how to _____ that huge garbage.

step3 1 stained 2 detail 3 complained 4 demands 5 rank 6 cracked 7 contact 8 nap 9 range 10 frank, fact
step4 1 sane 2 space 3 courage 4 plain 5 replace

공통어미 〈ape〉로 구성되는 단어

tape
[teip]
a strip of cloth

뗑 납작한 끈, 테이프, 녹음 테이프

■ Let's listen to this <u>tape</u>.
이 녹음 테이프를 들어보자.
tape recorder 녹음기

shape
[ʃeip]
㊨form 형상, appearance 외관

뗑 모양, 꼴

■ That building has a strange <u>shape</u>.
그 건물은 이상한 모양을 하고 있다.
different shapes 여러 가지 모양

grape
[greip]
a green fruit

뗑 포도

■ I like <u>grapes</u> very much.
나는 포도를 매우 좋아한다.
a bunch of grapes 포도 한송이

★ escape
[iskéip]
get away from ㊨runs away 달아나다

통 달아나다, 도망치다

■ He tried to <u>escape</u> from the jail.
그는 감옥에서 탈출하려고 시도했다.

★ landscape
[lǽndskèip]

뗑 경치, 풍경(화)

■ He is a <u>landscape</u> artist.
그는 풍경화가이다.
landscape gardener 정원사

공통어미 〈ar〉로 구성되는 단어

bar
[bɑːr]   ▼ar[ɑːr]
㊨stick 막대기

뗑 막대기, 술집

■ I want a <u>bar</u> of chocolate.
초콜릿바 한 개 주세요.
a bar of soap 비누 한 장

car
[kɑːr]
㊨motor 자동차

뗑 자동차, 승용차

■ We went there by <u>car</u>.
우리는 자동차로 거기에 갔다.
a nice car 멋있는 차

far
[fɑːr]
㊨near 가까운

혱 먼
뷔 멀리

■ How <u>far</u> is the hotel from here?
호텔은 여기서 얼마나 멉니까?
a far country 먼 나라

star
[stɑ:r]
a famous actor

명 별, 인기 있는 사람

■The <u>stars</u> are shining in the sky.
별이 하늘에서 빛나고 있다.
a movie star 영화 스타

1일

★ familiar
[fəmíljər]   ▼ar[ər]
famili=family

형 친숙한, 익숙한

■I am <u>familiar</u> with this village.
나는 이 마을을 잘 안다.

2일

★ lunar
[lú:nər]
lun=moon

형 달의

■He went down to the <u>lunar</u> surface.
그는 달의 표면으로 내려갔다.
the lunar calendar 음력

3일

★ solar
[sóulər]
sol=sun

형 태양의

■We will be using <u>solar</u> energy.
우리는 태양에너지를 사용하게 될 것이다.
solar house 태양열 주택

4일

★ popular
[pápjulər]
popul=people

형 인기있는

■He is <u>popular</u> among students.
그는 학생들 사이에서 인기가 있다.

★ regular
[régjulər]
regul=law

형 규칙적인, 정기적인

■Do you lead a <u>regular</u> life?
당신은 규칙적인 생활을 합니까?
a regular meeting 정기 모임

5일

6일

공통어미 〈ard〉로 구성되는 단어

card
[kɑ:rd]   ▼ard[ɑ:rd]

명 카드, 엽서

■I received a christmas <u>card</u>.
나는 크리스마스 카드를 받았다.
a credit card 신용카드

7일

hard
[hɑ:rd]
⑪difficult 어려운

형 단단한, 어려운
부 열심히

■He asked me a <u>hard</u> question.
그는 나에게 어려운 질문을 했다.
study hard 열심히 공부하다

8일

yard
[jɑ:rd]
⑪garden 정원

명 야드, 마당

■Jane is playing in the <u>yard</u>.
제인은 뜰에서 놀고 있다.
the front yard 앞마당

9일

★ guard
[gɑ:rd]
⑪protect 지키다

동 지키다
명 호위자, 파수

■Two <u>guards</u> watched the house.
두 사람의 경비원이 그 집을 지켰다.
stand guard 보초 서다

10일

regard ★
[rigá:rd]
㊨consider ~라고 생각하다

동 여기다, ~라고 생각하다

■ I <u>regard</u> him as my best friend.
나는 그를 가장 친한 친구로 생각한다.

award ★
[əwɔ́:rd]   ▼ard[ərd]

명 상
동 상을 주다

■ He won the highest <u>award</u>.
그는 최고상을 받았다.
Academy Award 아카데미상

reward ★
[riwɔ́:rd]

동 보답하다

■ They <u>rewarded</u> him for his service.
그들은 그의 봉사에 대해 그에게 보답했다.

awkward ★★
[ɔ́:kwərd]
㊤skillfull 숙련된

형 어색한, 서투른

■ His English is <u>awkward</u>.
그의 영어는 서투르다.

standard ★
[stǽndərd]

명 표준, 기준, 수준

■ He speaks <u>standard</u> English.
그는 표준 영어를 말한다.
standard time 표준 시간

공통어미 〈are〉로 구성되는 단어

bare ★
[bɛər]
㊨naked 벌거벗은

형 벌거벗은, 텅 빈

■ The room was <u>bare</u> and empty.
그 방은 텅 비어 있었다.
bare feet 맨발

care
[kɛər]
㊌careful 주의 깊은, careless 부주의한

명 걱정, 근심, 주의
동 걱정하다, 돌보다

■ He is free from all <u>cares</u>.
그는 걱정거리가 하나도 없다.
care for 돌보다

dare ★
[dɛər]
㊤shrink 움츠리다

동 ~할 용기가 있다

■ He will <u>dare</u> to do anything.
그는 어떤 일도 과감하게 할 것이다.

fare ★
[fɛər]
통음fair 아름다운

명 (탈것의) 요금

■ What is the <u>fare</u> to Seoul?
서울까지의 요금은 얼마입니까?
a railroad fare 철도요금

hare
[hɛər]
통음hair 머리털

명 산토끼

■ <u>Hares</u> are similar to rabbits.
산토끼는 토끼와 비슷하다.
a timid hare 겁 많은 토끼

share
[ʃɛːr]
명 몫, 할당
동 분배하다
⊕portion 몫 반whole 전체

■He had a <u>share</u> in the profits.
그는 이익의 할당을 받았다.

scare
[skɛːr]
동 깜짝 놀라게 하다
⊕frighten 겁나게 하다

■He was <u>scared</u> and ran away.
그는 놀라서 도망갔다.
scarecrow 허수아비

snare
[snɛːr]
명 덫, 유혹
⊕temptation 유혹, trap 덫

■The hare fell into the <u>snare</u>.
그 산토끼는 덫에 걸렸다.

stare
[stɛːr]
동 응시하다
명 빤히 봄, 응시
⊕gaze 응시하다

■She <u>stared</u> at me.
그녀는 나를 뚫어지게 보았다.
a frozen stare 냉담한 시선

spare
[spɛːr]
동 용서하다, 절약하다
형 예비의, 여분의
반waste 낭비하다

■We have no <u>spare</u> time.
우리는 여가가 없다.
a spare tire 예비 타이어

compare
[kəmpɛ́ər]
동 비교하다, 비유하다
com 함께+pare 놓다

■We <u>compare</u> life to a voyage.
우리는 인생을 항해에 비유한다.

prepare
[pripɛ́ər]
동 준비하다
pre 미리+pare 놓다 파preparation 준비

■Mother is <u>preparing</u> lunch.
어머니는 점심을 준비하고 있다.
prepare for ~을 준비하다

declare
[diklɛ́ər]
동 선언하다

■Germany <u>delared</u> war against England.
독일은 영국에 선전포고를 했다.

1일
2일
3일
4일
5일
6일
7일
8일
9일
10일

7일

공통어미 〈arge〉로 구성되는 단어

large
[la:rd3]
뗀 small 작은

뼹 큰, 넓은

■ His home is very <u>large</u>.
그의 집은 매우 크다.

a large family 대가족

★ **enlarge**
[inlá:rd3]
en 만들다+large 크게

뙹 크게 하다

■ He wanted to <u>enlarge</u> his house.
그는 집을 확장하고 싶었다.

enlarge the soul 마음을 넓히다

★ **charge**
[tʃa:rd3]

뼹 청구 금액, 요금, 책임
뙹 청구하다

■ Is there an extra <u>charge</u> for that?
그때 추가비용이 드나요?

free of charge 무료로

★★ **discharge**
[distʃá:rd3]

뙹 짐을 내리다, 해방하다

■ He was <u>discharged</u> from jail.
그는 교도소에서 석방되었다.

공통어미 〈ark〉로 구성되는 단어

★ **bark**
[ba:rk]

뙹 개가 짖다

■ <u>Barking</u> dogs seldom bite.
짖는 개는 좀처럼 물지 않는다.

barking dogs 짖는 개

dark
[da:rk]
뗀 light 밝은

뼹 어두운, 암흑의

■ It was <u>dark</u> night.
어두운 밤이었다.

a dark room 어두운 방

★ **lark**
[la:rk]
a small brown bird

뼹 종달새

■ The <u>larks</u> were singing in the field.
종달새들이 들에서 지저귀고 있었다.

mark
[ma:rk]
윤 sign 부호

뼹 표, 흔적, 과녁

■ His arrow hit the <u>mark</u>.
그의 화살은 과녁에 맞았다.

a question mark 의문부호

remark ★★
[rimá:rk]
ⓤnotice 주목하다

동 주목하다, (의견을) 말하다
명 의견, 비평

■ The teacher made several <u>remarks</u> about me.
선생님은 나에 대해 몇 마디 했다.
a critical remark 비판적인 논평

1일

park
[pɑ:rk]
public place

명 공원
동 주차하다

■ He is taking a walk in the <u>park</u>.
그는 공원에서 산책하고 있다.
a national park 국립공원

2일

shark
[ʃɑ:rk]
a large sea fish

명 상어

■ Have you ever seen a <u>shark</u>?
상어를 본 적이 있느냐?

3일

공통어미 〈arm/alm〉로 구성되는 단어

4일

arm
[ɑ:rm]   ▼arm[ɑ:rm]
ⓤweapon 무기   파army 육군

명 팔,
명 무기 동 무장시키다

■ We took a walk <u>arm</u> in <u>arm</u>.
우리는 팔짱을 끼고 산책했다.
armed guards 무장 경비원

5일

farm
[fɑ:rm]
파famer 농부

명 농장

■ There are many cows on his <u>farm</u>.
그의 농장에는 소가 많이 있다.

6일

harm ★
[hɑ:rm]
ⓤdamage 손상   파harmful 해로운

명 해
동 해치다

■ My dog won't <u>harm</u> you.
내 개는 당신을 해치지 않는다.

charm ★
[tʃɑ:rm]
the power of attracting   파charming 매력적인

명 매력
동 매혹하다

■ I was <u>charmed</u> by her beauty.
나는 그녀의 아름다움에 매혹되었다.

7일

alarm ★
[əlá:rm]
ⓤwarning 경고

명 경보(음)
동 놀라게 하다

■ He cried out in <u>alarm</u>.
그는 놀라서 외쳤다.
a fire alarm 화재경보기

8일

warm
[wɔ:rm]   ▼arm[ɔ:rm]
반cool 서늘한

형 따뜻한, 온난한

■ It's <u>warm</u> today.
오늘은 따뜻하다.
a warm welcome 따뜻한 환영

9일

calm ★
[kɑ:m]   ▼alm[ɑ:m]
ⓤquiet 고요한

형 고요한, 조용한

■ Mr. Green is always <u>calm</u>.
그린씨는 언제나 침착하다.
a calm night 조용한 밤

10일

palm
[pɑːm]
the inner surface of hand

명 손바닥, 야자수

■ <u>Palms</u> grow in warm places.
야자수는 따뜻한 곳에서 자란다.

공통어미 〈arp〉로 구성되는 단어

harp
[hɑːrp]
a large musical instrument

명 하프 악기

■ Mary is playing the <u>harp</u>.
메리는 하프를 연주하고 있다.
a harpist 하프 연주자

sharp
[ʃɑːrp]
㋠keen 예민한

형 날이 잘 드는, 날카로운,
예민한

■ She has a <u>sharp</u> knife.
그녀는 날카로운 칼을 가지고 있다.
a sharp nose 예민한 코

공통어미 〈arry〉로 구성되는 단어

★ **carry**
[kæri]
㋠trransport 운송하다

동 나르다, 운반하다

■ He is <u>carrying</u> the boxes.
그는 상자를 운반하고 있다.
carry guns 총을 휴대하다

marry
[meri]
㋠wed 결혼하다 ㉣marriage 결혼

동 결혼하다

■ Many men wanted to <u>marry</u> her.
많은 남자들이 그녀와 결혼하기를 원했다.

공통어미 〈art〉로 구성되는 단어

art
[ɑːrt]
㋠skill 기능 ㉣artist 예술가

명 예술, 미술

■ Mary is studying <u>art</u>.
메리는 미술을 공부하고 있다.
an art museum 미술관

cart
[kɑːrt]

명 마차, 손수레

■ He used <u>carts</u> to carry
the products.
그는 제품을 운반하는데 손수레를
사용했다.
push a cart 손수레를 밀다

dart 　　　　　　　　 동 돌진하다
[dɑːrt]
　유 dash 돌진하다

■ He <u>darted</u> into the shop.
그녀는 쏜살같이 상점으로 들어갔다.

---

part 　　　　　　　　 명 부분, 일부, 역할
[pɑːrt]
　반 whole 전체

■ He cut the wood into two <u>parts</u>.
그는 나무를 둘로 잘랐다.

an important part 중요한 부분

★ **apart** 　　　　　　 부 떨어져서, 따로
[əpɑ́ːrt]
　a ~과+part 떨어져

■ She lives <u>apart</u> from her family.
그녀는 가족과 떨어져서 산다.

★ **depart** 　　　　　　 동 출발하다, 떠나다
[dipɑ́ːrt]
　de 멀리+part 떨어지다　파 departure 출발

■ The train will <u>depart</u> on time.
기차는 정시에 출발할 것이다.

depart from life 이승을 떠나다

---

smart 　　　　　　　 형 멋진, 영리한
[smɑːrt]
　유 clever 영리한, bright 영리한

■ He is a <u>smart</u> student.
그는 영리한 학생이다.

a smart girl 영리한 소녀

---

start 　　　　　　　 동 출발하다, 시작하다
[stɑːrt]
　유 begin 시작하다　반 reach 도착하다

■ The plane <u>started</u> for London.
비행기는 런던을 향해 출발했다.

start for Seoul 서울을 향해 출발하다

공통어미 〈ary〉로 구성되는 단어

diary 　　　　　　　 명 일기
[dáiəri]　　▼ary[əri]
　di=day 날, 날짜

■ He always keeps a <u>diary</u>.
그는 언제나 일기를 쓴다.

an English diary 영문 일기

---

dictionary 　　　　　 명 사전
[díkʃənəri]
　diction=word 단어

■ I look up a word in a <u>dictionary</u>.
나는 사전에서 낱말을 찾는다.

---

library 　　　　　　　 명 도서관
[láibrəri]

■ Be quiet in the <u>library</u>.
도서관에서는 조용히 하세요.

a school library 학교 도서관

★ **military** 　　　　　 형 육군의, 군대의
[mílitèri]
　milit=soldier 병사

■ He is in <u>military</u> service.
그는 군에 복무하고 있다.

military training 군사훈련

1일
2일
3일
4일
5일
6일
7일
8일
9일
10일

necessary
[nésəsèri]
necess=need 필요

형 필요한

■ Sleep is <u>necessary</u> for health.
수면은 건강을 위해 필요하다.

necessary information 필요한 정보

ordinary
[ɔ́:rdənəri]
ordin 원래순서

형 보통의, 평범한

■ This is my <u>ordinary</u> lunch.
이것이 내가 늘 먹는 점심이다.

ordinary people 보통 사람들

temporary
[témpərəri]
tempor 짧은시간

형 임시의, 일시적인

■ My <u>temporary</u> office is in Seoul.
나의 임시 사무소는 서울에 있다.

temporary workers 임시직 노동자

voluntary
[váləntèri]
volunt=will 의지

형 자발적인

■ Many <u>voluntary</u> helpers were active in the Olympic Games.
많은 자원 봉사자들이 올림픽 경기에서 활약했다.

voluntary service 자원 봉사

vary
[vέəri]   ▼ary[ɛəri]
⊕change 변하다 ⊞various 여러 가지의

동 다르다, 변하다

■ She <u>varied</u> her hair style.
그녀는 머리 스타일을 바꿨다.

공통어미 〈as〉로 구성되는 단어

* **as**
  [æz]　　▼as[æz]
  　　접 ~와 같을 정도로
  　　■ She is <u>as</u> old as l am.
  　　그녀는 나와 같은 나이이다.

  has
  [hæz]
  form of have
  　　통 have 가지고 있다의
  　　3인칭 단수
  　　■ He <u>has</u> a lot of stamps.
  　　그는 많은 우표를 가지고 있다.

  gas
  [gæs]　　▼as[æs]
  any substance like air
  　　명 기체, 가스
  　　■ <u>Gas</u> is useful for our daily life.
  　　가스는 일상생활에 유용하다.
  　　a tank for gas 가스탱크

  Christmas
  [krísməs]　　▼as[əs]
  　　명 성탄절
  　　■ <u>Christmas</u> comes in December.
  　　크리스마스는 12월에 있다.

공통어미 〈ase〉로 구성되는 단어

  base
  [beis]　　▼ase[eis]
  　유foundation 기초　파basic 기본의
  　　명 기초, 토대
  　　동 근거를 두다
  　　■ His story is <u>based</u> on facts.
  　　그의 이야기는 사실에 근거한다.

  case
  [keis]
  　유instance 예, example 사례
  　　명 경우, 케이스, 상자
  　　■ He is wrong in this <u>case</u>.
  　　이 경우에는 그가 잘못했다.
  　　in case of ~의 경우에는

** **chase**
  [tʃeis]
  　유follow 따르다, pursuit 추적
  　　동 뒤를 쫓다
  　　■ Tom <u>chased</u> the dog.
  　　톰은 개의 뒤를 쫓았다.

* **erase**
  [iréis]
  　유efface 지우다　파eraser 지우개
  　　동 지우다
  　　■ He <u>erased</u> the pencil marks.
  　　그는 연필 자국을 지웠다.

45

★★ **purchase**
[pə́ːrtʃəs] ▼ase[əs]
🌐 sell 팔다

⌸ 구입
⌸ 구입하다

■ We purchased a lot of coal for the winter.
우리는 겨울에 쓸 석탄을 많이 샀다.

공통어미 〈ash〉로 구성되는 단어

ash
[æʃ]

⌸ 재

■ This is an ashtray.
이것은 재떨이이다.
ash color, ash gray 회색, 잿빛

cash
[kæʃ]
🌐 money 돈

⌸ 현금, 돈

■ I have no cash with me.
나는 현금을 가진 것이 없다.
cash payment 현금 지불

★ **dash**
[dæʃ]
🌐 rush 돌진하다

⌸ 돌진
⌸ 돌진하다

■ He made a dash for the goal.
그는 결승점을 향해 돌진했다.
a 100 meeter dash 100미터 경주

flash
[flæʃ]
🌐 flame 불꽃

⌸ 빛, 섬광
⌸ 번쩍이다

■ We need a flashlight.
우리는 회전등이 필요하다.
a flash of lightning 번개

★★ **crash**
[kræʃ]
🌐 collide 충돌하다

⌸ 충돌, 추락
⌸ 충돌하다

■ The bus crashed into a tree.
버스가 나무에 부딪혔다.
a car crash 자동차 충돌사고

★ **trash**
[træʃ]
🌐 rubbish 잡동사니, garbage 쓰레기

⌸ 쓰레기, 폐물

■ We must not throw trash on the street.
우리는 길에 쓰레기를 버려서는 안된다.
trashcan 쓰레기통

공통어미 〈ask〉로 구성되는 단어

ask
[æsk]
🌐 request 요구하다

⌸ 묻다, 부탁하다

■ May I ask a question?
질문 하나 해도 되나요?
ask for help 도움을 구하다

mask
[mæsk]

⌸ 가면, 탈, 마스크

■ He is wearing a mask.
그는 가면을 쓰고 있다.
party masks 파티용 가면

task
[tæsk]
명 일, 직무
⑧duty 임무

His <u>task</u> is to clean the room.
그의 일은 방을 청소하는 것이다.
perform a task 과업을 수행하다

공통어미 ⟨ass⟩로 구성되는 단어

ass
[æs]
명 나귀, 바보
⑧fool 바보, donkey 당나귀

Have you ever seen an <u>ass</u>?
나귀를 본 적이 있나요?

mass
[mæs]
명 덩어리, 대중
⑧lump 덩어리

He is popular among the <u>masses</u>.
그는 대중들 사이에 인기가 있다.
mass media 대중매체

pass
[pæs]
동 지나가다, 합격하다
㈜passage 동행, passenger 승객 ⑲fail 낙제하다

He <u>passed</u> the post office.
그는 우체국을 지나갔다.
pass the exam 시험에 합격하다

class
[klæs]
명 학급, 수업, 계급
a school lesson 학과

Tom is the tallest in his <u>class</u>.
톰은 그 반에서 제일 키가 크다.
the upper classes 상류계급

glass
[glæs]
명 유리, 유리잔
a container made of glass

Give me a <u>glass</u> of water.
물 한 잔 주시오.
a glass of milk 우유 한 잔

brass
[bræs]
명 놋쇠
metal made by mixing copper

The trumpet is made of <u>brass</u>.
트럼펫은 놋쇠로 만든다.
brass band 취주 악단

grass
[græs]
명 풀, 초원
a plant with green leaves
⑧meadow 목장

Some sheep are eating <u>grass</u>.
몇 마리의 양이 풀을 먹고 있다.

공통어미 ⟨ast⟩로 구성되는 단어

cast
[kæst]　　▾ast[æst]
동 던지다
⑧throw 던지다

He <u>cast</u> a fishing line into the water.
그는 낚싯줄을 물속에 던졌다.

fast
[fæst]
만 slow 느린
형 빠른
부 빨리

■I can run very <u>fast</u>.
나는 매우 빨리 달릴 수 있다.
a fast train 빠른 열차

last
[læst]
만 first 최초의
형 마지막의, 지난
부 제일 끝으로

■He missed the <u>last</u> train.
그는 마지막 기차를 놓쳤다.
last night 지난 밤

★ **mast**
[mæst]
유 sail 돛
명 돛대, 마스트

■That ship has three <u>masts</u>.
저 배에는 돛대가 세 개 있다.

★ **past**
[pæst]
the time before now
명 과거
형 과거의

■He recalled the <u>past</u>.
그는 과거를 회상했다.
the past tense 과거시제

★★ **blast**
[blæst]
유 explode 폭발하다
명 강풍
통 폭발하다

■A <u>blast</u> of wind came into the room.
거센 바람이 방으로 들이쳤다.

★ **broadcast**
[brɔ́ːdkæst]
명 방송
통 방송하다

■His speech was <u>broadcasted</u>.
그의 연설은 방송되었다.
a live broadcast 생방송

★★ **contrast**
[kántræst]
통 대조하다

■<u>Contrast</u> this book with other books.
이 책을 다른 책과 비교해 봐라.

breakfast
[brékfəst]   ▾ast[əst]
break 깨다+fast 단식
명 아침, 조반

■I have <u>breakfast</u> at seven.
나는 7시에 아침을 먹는다.
early breakfast 이른 조반

9일

공통어미 〈aste〉로 구성되는 단어

★ **haste**
[heist]
명 급함, 서두름
때 hasty 급한 유 hurry 서두름

■ <u>Haste</u> makes waste.
서두르면 일을 망친다.
in haste 급히, 서둘러

★ **paste**
[peist]
명 풀, 반죽
동 붙이다
a soft, wet mixture

■ He <u>pasted</u> posters on the wall.
그는 벽에 포스터를 붙였다.
toothpaste 치약

taste
[teist]
명 맛, 취미
동 맛보다
유 flavor 맛

■ I have a <u>taste</u> for art.
나는 미술에 취미가 있다.
a sweet taste 단맛

★ **distaste**
[distéist]
명 싫증, 싫음
dis=not

■ He has a <u>distaste</u> for hard work.
그는 힘든 일을 싫어한다.

waste
[weist]
명 쓰레기
동 낭비하다
wasteland 황무지 동음 waist 허리

■ We must not <u>waste</u> our time.
우리는 시간을 낭비해서는 안된다.
industrial waste 산업 폐기물

공통어미 〈at〉로 구성되는 단어

bat
[bæt]   ▼at[æt]
명 야구 배트
동 배트로 치다
때 batter 타자

■ Bill hit the ball with a <u>bat</u>.
빌은 배트로 공을 쳤다.
bat a ball 공을 치다

cat
[kæt]
명 고양이

■ My sister has two <u>cats</u>.
내 누이는 고양이 두 마리를 기르고 있다.

fat
[fæt]
명 지방
형 살찐, 뚱뚱한
때 thin, lean 여윈

■ She is getting <u>fat</u>.
그녀는 점점 뚱뚱해지고 있다.

hat
[hæt]
a covering for the head

뗑 테가 있는 모자

■ Please put on your hat.
모자를 쓰시오.
a white hat 흰 모자

mat
[mæt]

뗑 매트, 깔개

■ Wipe your shoes on the mat.
매트에 신발을 닦아라.

★ **pat**
[pæt]
hit lightly

뙹 가볍게 치다, 쓰다듬다

■ He patted me on the back.
그는 내 등을 가볍게 쳤다.

rat
[ræt]
an animal similar to a mouse

뗑 쥐

■ The cat is chasing a rat.
고양이는 쥐를 쫓고 있다.
a trap for rat 쥐덫

★ **chat**
[tʃæt]
㉮friendly talk 한담

뗑 잡담, 한담
뙹 담소하다, 잡담하다

■ We were chatting about the accident.
우리는 그 사고에 대해 이야기하고 있었다.

that
[ðæt]

때 그것은, 저것은
뒝 저, 그

■ Who is that lady?
저 숙녀는 누구입니까?
that gentleman 저 신사

★ **flat**
[flæt]
㉮level 평평한

뒝 평평한

■ The floor is flat.
그 마루는 평평하다.
flat roofs 평평한 지붕

what
[hwɑt]   ▼at[ɑt]

때 무엇, 어떤

■ What is this?
이것은 무엇입니까?
what color 무슨 색
what purpose 무슨 목적

공통어미 〈atch〉로 구성되는 단어

catch
[kætʃ]   ▼atch[ætʃ]
㉠miss 놓치다

뙹 잡다, 붙잡다

■ Cats catch mice.
고양이는 생쥐를 잡는다.
catch a ball 공을 잡다

★ **hatch**
[hætʃ]

뙹 알을 까다, 부화하다

■ The hen is hatching her eggs.
암탉이 알을 까고 있다.
hatch (out) chickens 병아리를 부화하다

match
[mætʃ]
　쮜game 경기

명 짝, 어울리는 사람,
　시합, 경기, 성냥
동 ~와 조화하다

■ He watched the tennis <u>match</u>
on T.V.
그는 T.V로 테니스 경기를 보았다.

★ **patch**
[pætʃ]

명 (깁는데 쓰는) 헝겊 조각, 천 조각

■ I have a <u>patch</u> on my coat.
내 코트에 헝겊으로 기운 곳이 있다.
put a patch on ~에 헝겊을 대다

★★ **thatch**
[θætʃ]

명 (지붕의) 이엉

■ Korean farmers <u>thatched</u> their
roofs.
한국 농부는 짚으로 지붕을 덮는다.

★ **scratch**
[skrætʃ]
　쮜scrape 긁다

동 긁다, 할퀴다

■ The cat <u>scratched</u> him.
고양이가 그를 할퀴었다.

watch
[wɑtʃ]　　▼atch[ɑtʃ]
　쮜look 보다

명 손목시계
동 지켜보다

■ My <u>watch</u> keeps good time.
내 시계는 시간이 잘 맞는다.
watch TV TV를 보다

공통어미 〈ate〉로 구성되는 단어

date
[deit]
　쮜appointment 만날 약속

명 날짜, 데이트

■ What is the <u>date</u> today?
오늘은 며칠입니까?
the date of birth 생년월일

★ **fate**
[feit]
　쮜fortune 운　쮔fatal 치명적인

명 운명, 운수

■ It was his <u>fate</u> to die young.
젊어서 죽는 것이 그의 운명이었다.
a cruel fate 가혹한 운명

gate
[geit]
　쮜door 문

명 출입구, 문

■ I met him at the <u>gate</u>.
나는 그를 문간에서 만났다.
gateway 대문

hate
[heit]
　쮔love 사랑하다

동 미워하다

■ Tom <u>hates</u> a snake.
톰은 뱀을 싫어한다.
hate to eat vegetables
야채 먹는 걸 싫어하다

late
[leit]
　쮜recent 최근의

형 늦은, 최근의
부 늦게

■ He is often <u>late</u> for school.
그는 학교에 자주 지각을 한다.
late autumn 늦가을

mate
[meit]
⊛companion 동료

몡동료, 상대, 배우자

■He is my classmate.
그는 나의 동급생이다.
roommate 동숙인,한방 친구

rate
[reit]
⊛charge 요금

몡속도, 비율, 요금

■The bus is running at a rapid rate.
버스는 빠른 속도로 달리고 있다.
the birth rate 출생률

skate
[skeit]

몡스케이트
통스케이트를 타다

■Tom can skate very well.
톰은 스케이트를 매우 잘 탄다.

★ state
[steit]
⊛condition 상태

몡국가, 주,
상태

■He is in poor state of health.
그는 건강상태가 좋지 않다.
a friendly state 우방 국가

★ communicate
[kəmjúːnəkèit]
com 함께+mun 뜻을+icate 갖게 하다
퍄communication 전달, 통신

통의사 소통하다

■We can communicate with people in America.
우리는 미국에 있는 사람들과 통화할 수 있다.
means of communication
통신[교통] 수단

★★ complicate
[kámplikèit]
com 함께+plic 접게+ate 하다

통복잡하게 하다

■This machine is very complicated.
이 기계는 매우 복잡하다.
a complicated process 복잡한 과정

★ educate
[édʒukèit]
e 밖으로+duc 이끌어+ate 내다
퍄education 교육

통교육하다

■He was educated in America.
그는 미국에서 교육을 받았다.
higher education 고등교육

★★ indicate
[índikèit]
퍄indicator 표준, 척도

통가리키다

■He indicated the city on the map.
그는 지도상으로 그 도시를 가리켰다.

★ locate
[lóukeit]
loc 장소에+ate 두다

통~의 위치를 정하다

■His office is located in Seoul.
그의 사무실은 서울에 있다.

★★ investigate
[invéstəgèit]
퍄investigation 조사

통조사하다

■The police investigated the cause of the accident.
경찰은 그 사고의 원인을 조사했다.

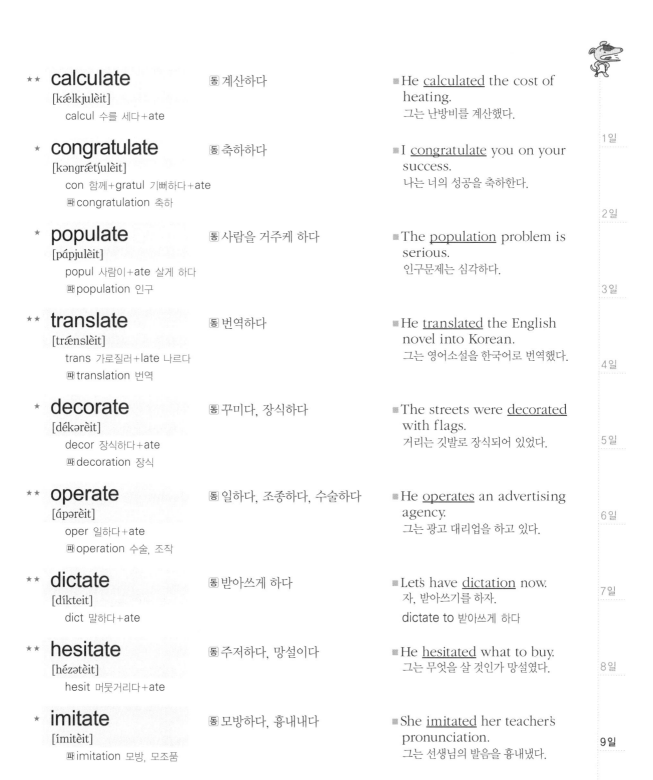

calculate ★★
[kǽlkjulèit]
calcul 수를 세다+ate

통 계산하다

■ He calculated the cost of heating.
그는 난방비를 계산했다.

congratulate ★
[kəngrǽtʃulèit]
con 함께+gratul 기뻐하다+ate
파 congratulation 축하

통 축하하다

■ I congratulate you on your success.
나는 너의 성공을 축하한다.

populate ★
[pápjulèit]
popul 사람이+ate 살게 하다
파 population 인구

통 사람을 거주케 하다

■ The population problem is serious.
인구문제는 심각하다.

translate ★★
[trǽnslèit]
trans 가로질러+late 나르다
파 translation 번역

통 번역하다

■ He translated the English novel into Korean.
그는 영어소설을 한국어로 번역했다.

decorate ★
[dékərèit]
decor 장식하다+ate
파 decoration 장식

통 꾸미다, 장식하다

■ The streets were decorated with flags.
거리는 깃발로 장식되어 있었다.

operate ★★
[ápərèit]
oper 일하다+ate
파 operation 수술, 조작

통 일하다, 조종하다, 수술하다

■ He operates an advertising agency.
그는 광고 대리업을 하고 있다.

dictate ★★
[díkteit]
dict 말하다+ate

통 받아쓰게 하다

■ Let's have dictation now.
자, 받아쓰기를 하자.
dictate to 받아쓰게 하다

hesitate ★★
[hézətèit]
hesit 머뭇거리다+ate

통 주저하다, 망설이다

■ He hesitated what to buy.
그는 무엇을 살 것인가 망설였다.

imitate ★
[ímitèit]
파 imitation 모방, 모조품

통 모방하다, 흉내내다

■ She imitated her teacher's pronunciation.
그는 선생님의 발음을 흉내냈다.

공통어미 〈ave〉로 구성되는 단어

cave
[keiv] ▼ave[eiv]
㈜cavern 동굴

명 동굴, 구멍

■ Men lived in <u>caves</u> long ago.
오래 전에 인간은 동굴에서 살았다.
caveman 동굴 주거인

★ **pave**
[peiv]
파pavement 포장 도로

동 (길을) 포장하다

■ We <u>paved</u> the roads with concrete.
우리는 콘크리트로 도로를 포장했다.
pave the way for ~의 길을 닦다

save
[seiv]
㈜rescue 구하다

동 구하다, 저축하다

■ I <u>saved</u> money for the trip.
나는 여행을 위해 돈을 저축했다.
save life 목숨을 구하다

wave
[weiv]
small waves 잔물결

명 물결
동 물결치다

■ They are <u>waving</u> flags.
그들은 깃발을 흔들고 있다.
a sound wave 음파

shave
[ʃeiv]
㈜shear 베다

동 면도하다, 깎다

■ My father <u>shaves</u> every morning.
아버지는 매일 아침 면도를 하신다.

★ **slave**
[sleiv]
㈜servant 종 파slavery 노예

명 노예

■ Lincoln set the <u>slaves</u> free.
링컨은 노예를 해방시켰다.
make a slave 노예로 만들다, 종으로 삼다

★ **brave**
[breiv]
㈜courageous 용감한

형 용감한, 대담한

■ He was a <u>brave</u> soldier.
그는 용감한 군인이었다.
a brave man 용감한 사람

★ **grave**
[greiv]
㈜serious 중대한, important 중요한

명 무덤
형 중대한

■ This is <u>grave</u> news.
이것은 중대한 뉴스이다.
graveyard 묘지, 묘소

★ **behave**
[bihéiv]
be+have 가지다 ㈜act 행동하다 파behavior 행동

동 행동하다, 처신하다

■ <u>Behave</u> yourself!
얌전하게 행동해!
behave well 예의바르게 행동하다

have
[hæv]　▼ave[æv]
튄 가지고 있다, 먹다, 마시다
㈜own 소유하다, possess 소유하다

■I <u>have</u> a book in my hand.
나는 손에 책을 가지고 있다.
have lunch 점심을 먹다

공통어미 ⟨aw⟩로 구성되는 단어

jaw
[dʒɔː]
튄 턱

■He has a strong <u>jaw</u>.
그는 턱이 억세다.
the upper jaw 윗턱

law
[lɔː]
㈜lawful 합법의
튄 법, 규칙, 법률

■We must obey the <u>laws</u>.
우리는 법률을 지켜야 한다.
the laws of nature 자연의 법칙

paw
[pɔː]
the foot of an animal
튄 (개·고양이 등의) 발

■A dog has four <u>paws</u>.
개는 발이 네 개 있다.

★ ## raw
[rɔː]
㈜uncooked 날것의
튄 날것의, 생것의

■Lions eat <u>raw</u> meat.
사자는 날고기를 먹는다.
a raw egg 생달걀

saw
[sɔː]
past of see
튄 see 보다의 과거
튄 켜는 톱

■I <u>saw</u> a big bull yesterday.
나는 어제 큰 황소를 보았다.

★ ## flaw
[flɔː]
fault of weakness
㈜blemish 흠, fault 결점
튄 결함, 결점

■No one is free from <u>flaws</u>.
결점 없는 사람은 없다.
flawless 흠 없는, 완벽한

draw
[drɔː]
㈜pull 당기다 ㈐push 밀다
튄 끌다, 당기다, 그리다

■They <u>drew</u> chairs around the fire.
그들은 불 주위로 의자를 끌어당겼다.
draw a picture 그림을 그리다

★ ## straw
[strɔː]
dry stalks of grain
튄 짚, 밀짚

■A drowning man will catch at a <u>straw</u>.
물에 빠진 사람은 지푸라기라도 잡는다.
a straw hat 밀짚모자

1일

2일

3일

4일

5일

6일

7일

8일

9일

10일

공통어미 〈awn〉로 구성되는 단어

★ **dawn**
[dɔːn]
㊦daybreak 새벽

　명 새벽
　동 날이 새다

■ He works from <u>dawn</u> till dark.
그는 새벽부터 어두워질 때까지 일을 한다.
before dawn 날이 새기 전에

★ **lawn**
[lɔːn]

　명 잔디, 잔디밭

■ My father is mowing the <u>lawn</u>.
아버지는 잔디를 깎고 있다.
mow the lawn 잔디를 깎다
lawn mower 잔디 깎는 기계

★ **yawn**
[jɔːn]
㊦gape 하품하다

　동 하품하다

■ The child is <u>yawning</u>.
아이가 하품을 하고 있다.

공통어미 〈ay〉로 구성되는 단어

day
[dei]
㊨night 밤

　명 날, 낮, 하루, 시대

■ A <u>day</u> has twenty four hours.
하루는 24시간이다.
day and night 밤낮

gay
[gei]
㊦merry 명랑한

　형 명랑한, 화려한
　명 동성연애(자)

■ This dress is too <u>gay</u> for me.
나에겐 이 옷이 너무 화려하다.
gay voices 명랑한 목소리

★ **hay**
[hei]

　명 건초, 마른 풀

■ Cow and horses eat <u>hay</u>.
소와 말은 마른 풀을 먹는다.
hayfield 목초장

★ **lay**
[lei]
㊦put, place 놓다

　동 놓다, 눕히다, 낳다

■ <u>Lay</u> your books on the desk.
네 책을 책상 위에 놓아라.
lay eggs 알을 낳다

May
[mei]
the fifth month of the year

　명 5월

■ <u>May</u> is the fifth month of the year.
5월은 1년의 다섯 번째 달이다.
May Day 노동절(5월 1일)

may
[mei]

　조 ~해도 좋다,
　　~일지 모른다

■ You <u>may</u> go now.
당신은 이제 가도 됩니다.
maybe 어쩌면, 아마

pay
[pei]
㊀reward 갚다 ㊉payment 지불

⑧ 갚다, 지불하다

■ I will <u>pay</u> you the money tomorrow.
내일 당신에게 돈을 갚을 거예요.

★ **ray**
[rei]

⑲ 광선

■ The <u>rays</u> of the sun is shining.
태양 광선이 빛나고 있다.

a ray of hope 한 가닥의 희망

say
[sei]
㊀speak 말하다

⑧ 말하다, ~라고 쓰여 있다

■ What does the letter <u>say</u>?
편지에 뭐라고 쓰여 있습니까?

play
[plei]

⑲ 놀이, 연극
⑧ 놀다, 연주하다

■ The boys are <u>playing</u> football.
소년들은 축구를 하고 있다.

play the guitar 기타를 치다
playground 운동장

gray
[grei]
color between black and white

⑲ 회색
⑲ 회색의

■ She was dressed in <u>gray</u>.
그녀는 회색 옷을 입고 있었다.

gray hair 희끗희끗한 머리

★ **pray**
[prei]
㊉prayer 기도 ㊀㊀prey 먹이

⑧ 빌다, 기도하다

■ We <u>pray</u> for a peaceful world.
우리는 세계 평화를 위해 기도한다.

tray
[trei]

⑲ 쟁반, 접시

■ This is an ash<u>tray</u>.
이것은 재떨이다.

a tea tray 차 쟁반

spray
[sprei]
㊉sprayer 분무기

⑲ 물보라, 스프레이

■ I was wet from the <u>spray</u>.
나는 물보라에 젖었다.

spray water 물을 뿌리다

★ **stray**
[strei]

⑧ 길을 잃다
⑲ 길을 잃은

■ Jane found a <u>stray</u> child.
제인은 길을 잃은 아이를 발견했다.

a stray sheep 길 잃은 양
a stray child 길 잃은 아이

stay
[stei]
㊀remain 머무르다

⑲ 머무르다, 체류하다

■ You must <u>stay</u> at home.
너는 집에 있어야 한다.

stay still 가만히 있다

1일
2일
3일
4일
5일
6일
7일
8일
9일
10일

way
[wei]

® method 방법

閔 길, 방법, 방향

■Tell me the <u>way</u> to the station.
역으로 가는 길을 가르쳐 주세요.

a way of life 생활방식

away
[əwéi]

튄 떨어져서, 저 쪽에

■He is <u>away</u> from home.
그는 집에 없다.

anyway
[éniwèi]

any+way 길

튄 어쨌든, 아무튼

■<u>Anyway</u>, let's start.
아무튼 출발합시다.

subway
[sʌ́bwèi]

sub=under+way 길

閔 지하도, 지하철

■Take <u>subway</u> line No.4.
지하철 4호선을 타세요.

a subway linemap 지하철 노선도

always
[ɔ́:lweiz]

튄 언제나, 항상

■<u>Always</u> do your best.
언제나 최선을 다해라.

공통어미 〈aze〉로 구성되는 단어

★★ gaze
[geiz]

® stare 뚫어지게 보다

통 뚫어지게 보다, 응시하다

■He <u>gazed</u> at my face.
그는 내 얼굴을 유심히 바라보았다.

★ haze
[heiz]

a thin mist 얇은 안개

閔 아지랑이

■<u>Haze</u> is a thin mist.
아지랑이는 얇은 안개이다.

spring haze 봄 아지랑이

★★ amaze
[əméiz]

a 아주+maze 당황케하다
囲 amazing 매우 놀라운

통 몹시 놀라게 하다

■He was <u>amazed</u> at the sight.
그는 그 광경을 보고 깜짝 놀랐다.

step1 영어를 우리말로, 우리말을 영어로 바꾸시오.

1 lunar _____

2 standard _____

3 enlarge _____

4 vary _____

5 cast _____

6 broadcast _____

7 chat _____

8 mate _____

9 dictate _____

10 dawn _____

11 지키다, 호위자, 파수 _____

12 응시하다, 빤히 봄, 응시 _____

13 경보(음), 놀라게 하다 _____

14 고요한, 조용한 _____

15 기초, 토대, 근거를 두다 _____

16 지나가다, 합격하다 _____

17 급함, 서두름 _____

18 ~의 위치를 정하다 _____

19 날것의, 생것의 _____

20 길을 잃다, 길을 잃은 _____

step2 우리 말과 같은 뜻이 되도록 빈칸을 채우시오.

1 그는 이 문제가 가장 어렵다고 생각한다.

He _____ this question as the most difficult one.

2 그녀는 자신의 그림에 대한 다른 사람들의 의견에 실망했다.

She was disappointed by others' _____ about her picture.

3 이 일은 혼자 하기엔 힘들다.

This _____ is hard to do by alone.

4 서두름은 일을 망칠 수 있다는 걸 항상 명심하라.

Always remember _____ can make things worse.

5 우리는 선택을 하는데 있어서 주저할 시간이 없다.

We have no time to _____ to make a choice.

step3 다음 문장의 문맥에 맞게 알맞은 단어를 고르시오.

1 It important to have a (popular/regular) sleep everyday.

2 There is no (flaw/straw) in his work, everything is great.

3 Kimchi is (ordinary/temporary) food in Korea.

4 His (rate/fate) was to be a hero of this world.

5 Who does (declare/dare) to join this adventure?

6 I'd like to (purchase/chase) this hat for my brother.

7 Lots of people are having (paste/taste) for Yoga.

8 That musical (charged/charmed) me with lovely songs.

9 It is (voluntary/necessary) to have a flash light in there.

10 Eating (raw/law) foods can be dangerous for your health.

step4 다음의 〈보기〉중에서 각 문장의 빈칸에 알맞은 것을 고르시오.

보기
declare   dart   distaste   investigate   operate

1 They have _____ for this work, because it is very boring.

2 We need to _____ this case to know in detail.

3 It is hard to _____ a company into a successful way.

4 The president _____ ed the peace announcement with North Korea.

5 He _____ ed into the classroom because he was very late.

---

step3 1 regular 2 flaw   3 ordinary 4 fate   5 dare   6 purchase 7 taste   8 charmed   9 necessary 10 raw
step4 1 distaste 2 investigat 3 operate   4 declare   5 dart

60

공통어미 〈ea〉로 구성되는 단어

pea
[pi:]
　　명 완두, 풋 완두
　　a small, round, green vegetable

■ Mother is cooking <u>peas</u>.
어머니는 완두를 요리하고 있다.

sea
[si:]
　　명 바다
　　반 land 육지

■ We go to the <u>sea</u> in summer.
우리는 여름에 바다로 간다.
seafood 해산물

tea
[ti:]
　　명 차

■ Would you like a cup of <u>tea</u>?
차 한 잔 드시겠습니까?
green tea 녹차

★ **flea**
[fli:]
　　명 벼룩
　　a small jumping insect

■ <u>Fleas</u> feed on blood.
벼룩은 피를 먹고 산다.
flea market 벼룩시장

★★ **plea**
[pli:]
　　명 탄원, 간청
　　유 petition 탄원

■ He asked <u>plea</u> for mercy.
그는 자비를 간청했다.

공통어미 〈each〉로 구성되는 단어

each
[i:tʃ]
　　명 각각의, 각자의
　　every person or thing

■ She gave <u>each</u> boy an apple.
그녀는 각 소년에게 사과 한 개씩을 주었다.
each other 서로, 상호간에

beach
[bi:tʃ]
　　명 해안, 해변
　　유 sea shore 해안

■ We went to the <u>beach</u> yesterday.
우리는 어제 해변에 갔다.
a beautiful beach 아름다운 바닷가

peach
[pi:tʃ]
　　명 복숭아
　　a soft juicy fruit

■ <u>Peaches</u> have a soft skin.
복숭아는 껍질이 부드럽다.
a tasty peach 맛있는 복숭아

reach
[riːtʃ]
동 도착하다, 닿다, 뻗다
유 arrive 도착하다, stretch out 뻗다

■ The boat <u>reached</u> the shore.
그 보트는 해안에 닿았다.

teach
[tiːtʃ]
동 가르치다
반 learn 배우다　파 teacher 교사

■ He <u>teaches</u> at high school.
그는 고등학교에서 가르친다.

★★ ## preach
[priːtʃ]
동 설교하다
talk about religious matter

■ He <u>preached</u> about the God.
그는 하나님에 대해 설교했다.

공통어미 〈ead〉로 구성되는 단어

dead
[ded]　▼ead[ed]
형 죽은, 무감각한
반 alive 살아있는

■ People are <u>dead</u> by the disease.
사람들은 병으로 인해 죽었다.
a dead calm 죽은 듯한 고요함

head
[hed]
명 머리, 우두머리
유 chief 우두머리　파 headache 두통

■ Jane has a good <u>head</u>.
제인은 머리가 좋다.
a headline (신문·방송 등의) 머릿기사

★ ## ahead
[əhéd]
부 앞쪽에, 앞으로
유 in front 앞쪽에

■ Go straight <u>ahead</u>.
곧장 앞으로 가라.
go ahead 계속하다

★ ## lead
[led]
명 납
a soft, heavy metal

■ This metal is as heavy as <u>lead</u>.
이 금속은 납처럼 무겁다.

bread
[bred]
명 빵

■ Give me some <u>bread</u>.
빵 좀 주세요.
a slice of bread 빵 한 조각

★ ## dread
[dred]
명 무서움, 공포
동 무서워하다, 두려워하다
유 fear greatly 두려워하다

■ He has a <u>dread</u> of speaking in public.
그는 공적인 자리에서 이야기하는 것을 꺼린다.

★ ## spread
[spred]
동 펴다, 펼치다
유 expand 넓히다

■ The bird <u>spread</u> its wings.
새는 날개를 폈다.
spread disease 질병을 퍼뜨리다

thread ★
[θred]
명 실
a long, thin piece of cotton

■She is sewing with cotton <u>thread</u>.
그녀는 무명실로 꿰매고 있다.
cotton thread 무명실

read
[ri:d]   ▼ead[i:d]
동 책을 읽다
파reader 독자

■I can <u>read</u> English.
나는 영어를 읽을 수 있다.
read a newspaper 신문을 읽다

lead
[li:d]
동 인도하다, 안내하다
유guide 인도하다   파leader 지도자

■A girl <u>led</u> me to my seat.
그 소녀가 나를 자리로 안내했다.
lead the way 길을 안내하다

mislead ★
[mislí:d]
동 잘못 안내하다
mis 잘못+lead 이끌다

■Our guide <u>misled</u> us in the woods.
안내인은 숲속에서 우리를 잘못 안내했다.

공통어미 〈eal〉로 구성되는 단어

deal ★
[di:l]   ▼eal[i:l]
명 거래, 분량
동 분배하다, 다루다, 거래하다
유share 분배하다

■It snowed a great <u>deal</u>.
눈이 매우 많이 왔다.
make a deal 거래를 하다

heal ★
[hi:l]
동 병을 고치다, 낫게 하다
반wound 상처를 입히다   파health 건강

■His wounds were <u>healed</u>.
그의 상처는 치료되었다.

meal
[mi:l]
명 식사
the food eaten at one time

■We have three <u>meals</u> a day.
우리는 하루에 세 끼 식사를 한다.
a light[a heavy] meal 가벼운[든든한] 식사

appeal ★★
[əpí:l]
동 애원하다, 호소하다
ap ~에게+peal 몰아가다

■They <u>appealed</u> to me for help.
그들은 내게 도와달라고 애원했다.
appeal to arms 무력에 호소하다

conceal ★★
[kənsí:l]
동 감추다
con 완전히+ceal 숨기다

■Tom <u>concealed</u> his brother's camera.
톰은 형의 사진기를 감췄다.

reveal ★★
[riví:l]
동 드러내다, 폭로하다
유disclose 나타내다

■Wine <u>reveals</u> the true man.
술에 취하면 사람의 본성이 드러난다.
reveal a secret 비밀을 폭로하다

★ **ideal**
[aidí:əl]   ▼eal[i:əl]

형 이상적인

■ He is an <u>ideal</u> teacher.
그는 이상적인 선생님이다.
an ideal world 이상향, 유토피아

공통어미 〈eam〉으로 구성되는 단어

★ **beam**
[bi:m]
㊀support 지주

명 광선, 들보

■ <u>Beam</u>s are used for building a house.
대들보는 집을 짓는데 사용된다.

team
[ti:m]
㊀group 집단

명 팀, 조, 그룹

■ Tom is on the baseball <u>team</u>.
톰은 야구팀에 속해 있다.
team spirit 단체(협동) 정신

cream
[kri:m]
a thick, smooth liquid

명 크림

■ He had coffee with <u>cream</u>.
그는 크림을 넣은 커피를 마셨다.
ice cream 아이스크림

dream
[dri:m]
㊉reality 현실

명 꿈
동 꿈을 꾸다

■ What is your <u>dream</u>?
당신의 꿈은 무엇입니까?
a bad dream 악몽

★ **scream**
[skri:m]
㊀cry 소리 지르다

명 비명
동 비명을 지르다

■ She <u>scream</u>ed for help.
그녀는 도와달라고 소리를 질렀다.

★ **stream**
[stri:m]
small river

명 시내, 개울
동 흐르다

■ We walked along the <u>stream</u>.
우리는 시내를 따라 걸었다.
a quiet stream 잔잔한 개울

steam
[sti:m]
㊀vapor 증기

명 증기

■ This building is heated by <u>steam</u>.
이 건물은 증기로 난방 된다.
a steam engine 증기기관

공통어미 〈ean〉으로 구성되는 단어

bean
[biːn]

圏 콩, 콩류

■ Pork goes with <u>beans</u>.
돼지고기는 콩과 맛이 잘 어울린다.

jean
[dʒiːn]
pants made of denim

圏 진바지

■ She is in <u>jeans</u>.
그녀는 진바지를 입고 있다.
a pair of jeans 진바지 한 벌

★ **lean**
[liːn]
㉤incline 기울이다

통 기대다, 기울다
혱 여윈, 호리호리한

■ Tom often <u>leans</u> on his desk.
톰은 그의 책상에 자주 기댄다.

mean
[miːn]
㉤signify 의미하다 ㉕meaning 뜻

통 의미하다

■ What does this word <u>mean</u>?
이 낱말은 무슨 뜻인가요?

★ **means**
[miːnz]
㉤way, method 방법

圏 수단, 방법,
재산, 수입

■ You're living beyond your <u>means</u>.
너는 수입 이상의 생활을 하고 있어.
by means of ~에 의하여, ~으로

clean
[kliːn]
㉕dirty 더러운 ㉕cleaner 청소기

혱 깨끗한
통 청소하다

■ Tom is <u>cleaning</u> his room.
톰은 자기 방을 청소하고 있다.

공통어미 〈eap〉으로 구성되는 단어

★ **heap**
[hiːp]

圏 더미, 다수, 다량

■ There is a <u>heap</u> of books on the desk.
책상 위에 다수의 책이 있다.

★ **leap**
[liːp]
㉤Jump 뛰다

통 뛰다, 도약하다

■ The cat <u>leaped</u> down from table.
고양이가 탁자에서 뛰어 내렸다.

★★ reap
[riːp]
⊛harvest 수확하다 ⑪sow 씨를 뿌리다

屠 베다, 거둬들이다

■We <u>reaped</u> a heavy crop of wheat.
우리는 많은 밀을 수확하였다.

cheap
[tʃiːp]
⑪expensive 비싼

刑 값이 싼

■This cloth is <u>cheap</u>.
이 천은 값이 싸다.
a cheap store 싸게 파는 가게

공통어미 〈ear〉로 구성되는 단어

ear
[iər]   ▼ear[iər]

囹 귀

■We hear with our <u>ears</u>.
우리는 귀로 듣는다.
long ears 긴 귀

dear
[diər]
⑪cheap 값싼

刑 친애하는, 사랑스러운, 값이 비싼

■They are my <u>dear</u> children.
그들은 내 사랑스런 아이들이다.
dear friends 사랑하는 친구들

★ fear
[fiər]
⊛terror 공포 㴪fearful 무서운

囹 두려움
屠 두려워하다

■Dogs don't <u>fear</u> the water.
개는 물을 두려워히지 않는다.

hear
[hiər]
⊛listen 듣다

屠 귀로 듣다, 들리다

■Can you <u>hear</u> me?
내 말이 들리세요?
hearing test 청취력 테스트

near
[niər]
⑪far 먼

刑 가까운
凰 가까이

■I will go to China in the <u>near</u> future.
나는 가까운 미래에 중국에 갈 것이다.

★ rear
[riər]
⊛bring up 기르다

囹 뒤, 배후
屠 기르다

■The kitchen is in the <u>rear</u> of the house.
부엌은 그 집의 뒤쪽에 있다.

tear
[tiər]
drop of liquid from your eyes

囹 눈물
屠 눈물을 흘리다

■She was moved to <u>tears</u>.
그녀는 감격해서 눈물을 흘렸다.
in tears 눈물을 흘리며, 울면서

year
[jiər]

囹 해, 년

■There are twelve months in a <u>year</u>.
1년에는 12달이 있다.

clear
[kliər]
㊛plain 명백한

ⓗ맑은, 명백한
ⓓ제거하다

■The sky is <u>clear</u>.
하늘이 맑게 개여 있다.
a clear fact 명백한 사실

★★ **nuclear**
[njúːkliər]

ⓗ핵의, 원자력의

■Korea has a <u>nuclear</u> station.
한국에는 원자력 발전소가 있다.

★ **appear**
[əpíər]
ⓑdisappear 사라지다   ㊉appearance 외모

ⓓ나타나다

■An old man <u>appeared</u> on the stage.
노인이 무대에 나타났다.

bear
[bɛər]   ▼ear[ɛər]
㊛suffer 참다

ⓜ곰
ⓓ낳다, 참다

■I can't <u>bear</u> the hot weather.
나는 더운 날씨를 견딜 수가 없다.
a brown bear 불곰

pear
[pɛər]
a green or yellow fruit

ⓜ(과일) 배

■I like <u>pears</u> very much.
나는 배를 매우 좋아한다.
tasty pears 맛있는 배

★ **tear**
[tɛər]

ⓓ찢다

■Don't <u>tear</u> the newspaper.
신문을 찢지마라.
tear the letter 편지를 찢다

wear
[wɛər]
㊛put on 입다

ⓓ입다, 착용하다, 띠고 있다
ⓜ착용, 의복

■She always <u>wears</u> a smile.
그녀는 언제나 미소를 짓고 있다.
casual wear 평상복

★ **swear**
[swɛər]

ⓓ맹세하다, 서약하다

■He <u>swears</u> to tell the truth.
그는 진실을 말하겠다고 맹세했다.

★★ **forbear**
[fɔːrbɛ́ər]
㊛endure 참다

ⓓ참고 견디다, 삼가다

■You must <u>forbear</u> from asking questions.
너는 질문하는 것을 삼가해야 한다.

공통어미 〈ease〉로 구성되는 단어

★ **ease**
[iːz]   ▼ease[iːz]
㊛comfort 안락   ㊉easy 쉬운

ⓜ편함, 평안, 안락, 용이함

■He passed the exam with <u>ease</u>.
그는 손쉽게 시험에 합격했다.
live at ease 편안히 지내다

11일
12일
13일
14일
15일
16일
17일
18일
19일
20일

please
[pliːz]
툉 기쁘게 하다
툍 부디, 제발
윤 amuse 즐겁게 하다 팬 pleasant 유쾌한, pleasure 즐거움

■ You can't <u>please</u> everybody.
너는 모든 사람을 만족시킬 수는 없다.

★ disease
[dizíːz]
명 병, 질병
dis=not+ease=편안

■ A <u>disease</u> swept across the land.
질병이 육지를 휩쓸었다.

★★ cease
[siːs]　▼ease[iːs]
툉 그만두다, 그치다
윤 stop 그만두다

■ We will go when the rain <u>ceases</u>.
우리는 비가 그치면 갈 것이다.

★★ decrease
[dikríːs]
툉 줄다[감소하다], 줄이다[감소시키다]
de 밑으로+crease 자라다

■ Our sales are <u>decreasing</u>.
우리의 판매가 줄고 있다.
decrease speed 속력을 줄이다

★★ increase
[inkríːs]
툉 증가하다, 늘리다
in 안에서+crease 자라다

■ The number of cars is <u>increasing</u>.
차량의 수가 증가하고 있다.
increase speed 속력을 내다

공통어미 〈east〉로 구성되는 단어

east
[iːst]　▼east[iːst]
명 동쪽 혱 동쪽의
툍 동쪽으로
팬 west 서쪽 팬 eastern 동쪽의

■ The sun rises in the <u>east</u>.
태양은 동쪽에서 뜬다.
an east wind 동풍

beast
[biːst]
명 짐승
윤 animal 짐승

■ A <u>beast</u> is a four-footed animal.
짐승은 네 발 달린 동물이다.
a wild beast 야수

★ feast
[fiːst]
명 향연, 잔치, 축제
윤 banquet 연회

■ Christmas is an important <u>feast</u>.
크리스마스는 중요한 축제이다.
feast day 축제일, 잔칫날

★ least
[liːst]
혱 가장 적은, 최소의
팬 most 가장 많은

■ Write him at <u>least</u> once a month.
적어도 한 달에 한 번 그에게 편지를 쓰세요.
at least 적어도

breast
[brest]　▼east[est]
명 가슴, 젖
윤 chest, heart 가슴

■ She gave her baby her <u>breast</u>.
그녀는 아이에게 젖을 물렸다.
breast excercise 가슴 운동

13일

공통어미 〈eat〉로 구성되는 단어

eat
[iːt] ▼eat[iːt]
㈌swallow 삼키다
툐 먹다, 식사하다
■I _eat_ breakfast at seven.
나는 일곱 시에 아침을 먹는다.
eat and drink 먹고 마시다

★ **beat**
[biːt]
㈌defeat 치다
툐 치다, 두드리다, 때리다
■Don't _beat_ the horse.
말을 때리지 말자.
beat a drum 북을 치다

★★ **feat**
[fiːt]
㈌achievement 업적
명 위업, 공적, 묘기
■His _feat_ was great.
그의 업적은 위대했다.

heat
[hiːt]
㈘cold 냉기 ㈙heater 난방 장치
명 열, 더위
툐 뜨겁게 하다
■The sun gives us light and _heat_.
태양은 우리들에게 빛과 열을 준다.

meat
[miːt]
툐㈎meet 만나다
명 (식용) 고기
■You eat too much _meat_.
너는 고기를 너무 많이 먹는다.
raw meat 날고기

★ **neat**
[niːt]
㈘dirty 더러운
형 산뜻한, 말쑥한, 깔끔한
■Your room is _neat_.
너의 방은 깔끔하다.
neat writting 또박또박 쓴 글씨

seat
[siːt]
㈌sit 앉다
형 좌석, 자리
툐 앉다
■Go back to your _seat_.
네 자리로 돌아가라.
take a seat 좌석에 앉다

★ **treat**
[triːt]
㈌deal 다루다
툐 다루다, 대우하다, 치료하다
명 한턱 내기, 대접
■We must _treat_ animals kindly.
우리는 동물을 친절히 다루어야 한다.
give a treat 한턱 내다

★★ **defeat**
[difíːt]
㈘victory 승리
명 패배시키다, 물리치다
■We _defeated_ the enemy.
우리는 적을 물리쳤다.

11일 12일 **13일** 14일 15일 16일 17일 18일 19일 20일

★ repeat
[ripíːt]
re 다시+peat 하다

동 되풀이하다, 반복하다

■ Don't <u>repeat</u> the same mistake.
같은 실수를 되풀이하지 마라.

★ threat
[θret]　▼eat[et]
유 menace 위협

명 위협
동 위협을 하다

■ He <u>threated</u> me with gun.
그는 총으로 나를 위협하였다.

★ sweat
[swet]
파 sweater 스웨터

명 땀
동 땀을 흘리다

■ He wiped the <u>sweat</u> from his face.
그는 얼굴의 땀을 닦았다.
sweat with fear 무서워서 식은땀을 흘리다

공통어미 〈eave〉로 구성되는 단어

leave
[liːv]
반 remain 남다

동 떠나다, 남기다

■ I <u>leave</u> for school at seven.
나는 7시에 학교로 출발한다.
leave alone 혼자 내버려 두다

★ weave
[wiːv]
유 knit 짜다

동 (천 따위를) 짜다, 뜨다

■ She is <u>weaving</u> thread into cloth.
그녀는 실로 옷을 짜고 있다.

★★ cleave
[kliːv]
유 divide, split 쪼개다

동 쪼개다

■ This wood <u>cleaves</u> easily.
이 나무는 잘 쪼개진다.

공통어미 〈eck〉으로 구성되는 단어

★ deck
[dek]
유 ornamnt, decorate 장식하다

명 갑판
동 장식하다

■ There is nobody on the <u>deck</u>.
갑판에는 아무도 없다.
an upper deck 위갑판

neck
[nek]
파 necklace 목걸이

명 목

■ She put the jewels around her <u>neck</u>.
그녀는 목에 보석을 걸쳤다.

★ check
[tʃek]
유 prevent 저지하다

명 수표
동 점검하다, 저지하다

■ May I pay by <u>check</u>?
수표로 지불해도 될까요?
check the facts 사실을 점검하다

* **speck**
[spek]
small stain 작은 얼룩

명작은 얼룩[흠], 작은 반점

■There is a <u>speck</u> on this paper.
이 종이에는 얼룩이 있다.

11일

★★ **wreck**
[rek]　　　　▼w[묵음]
⒴destroy, ruin 파괴하다

명난파(선)
동난파시키다, 난파하다

■The ship was <u>wrecked</u>.
그 배는 난파되었다.

12일

공통어미 〈ect〉로 구성되는 단어

13일

★★ **affect**
[əfékt]　　　▼ect[ekt]
a ~에게+ffect 행하다

동~에 영향을 미치다

■Smoking <u>affects</u> health.
흡연은 건강에 영향을 준다.

14일

★ **effect**
[ifékt]
e 밖으로+ffect 만들어진 것
파effective 효과적인

명영향, 효과, 결과

■His protest had no <u>effect</u>.
그의 항의는 아무 효과가 없었다.

side effects 부작용

15일

★★ **object**
[əbdʒékt]
ob 반대쪽으로+ject 던지다

동반대하다, 반감을 가지다

■I <u>object</u> to your opinion.
나는 네 의견에 반대한다.

16일

★★ **project**
명[prádʒekt]
동[prədʒékt]
pro 앞으로+ject 던지다

명계획, 프로젝트
동계획하다, 투영하다

■My next <u>project</u> is to build a new house.
나의 다음 계획은 새 집을 짓는 것이다.

draw up a project 계획을 세우다

17일

★★ **reject**
[ridʒékt]
re 뒤로+ject 던지다

동거부하다, 거절하다

■She <u>rejected</u> his proposal.
그녀는 그의 제안을 거절했다.

18일

★★ **subject**
[səbdʒékt]
sub 아래로+ject 던지다

동복종시키다

■The king <u>subjected</u> a nation to his rule.
왕은 국민을 자기 통치하에 복종시켰다.

19일

★ **collect**
[kəlékt]
col 함께+lect 모으다

동모으다, 수집하다

■My father <u>collected</u> many old coins.
아버지는 옛날 주화를 많이 수집했다.

collect stamps 우표를 모으다

20일

elect
★★ [ilékt]
동 투표로 선출하다

e 밖으로+lect 뽑다　파 election 선거

■ They <u>elected</u> him a chairman.
그들은 그를 의장으로 선출했다.

intellect
★★ [íntəlèkt]
명 지력, 지성

intel 사이에서+lect 고르는 것

■ College will develop your <u>intellect</u>.
대학은 너의 지성을 발전시켜 줄 것이다.

select
★ [silékt]
동 고르다, 뽑다

se 따로+lect 고르다

■ <u>Select</u> the book that you want.
네가 원하는 책을 골라라.

select the best one
가장 좋은 것을 고르다

reflect
★★ [riflékt]
동 비추다, 반사하다

re 다시+flect 굽어지다

■ A mirror <u>reflects</u> your face.
거울은 얼굴을 비춘다.

reflect light 빛을 반사하다

connect
★ [kənékt]
동 연결하다, 접속하다

con 함께+nect 잇다　파 connection 연결

■ He <u>connected</u> science with industry.
그는 과학을 산업과 연결했다.

expect
★ [ikspékt]
동 기대하다

ex 밖을+pect 보다

■ I <u>expected</u> him to come.
나는 그가 올거라고 생각했다.

inspect
★★ [inspékt]
동 조사하다, 검사하다

in 안을+spect 보다　파 inspection 조사

■ They came to <u>inspect</u> our school.
그들은 우리학교를 시찰하러 왔다.

prospect
★★ [práspekt]
명 전망, 경치, 가망

pro 앞을+spect 봄

■ There is no <u>prospect</u> of success.
성공할 가망이 없다.

bright prospects 밝은 전망

respect
★ [rispékt]
명 존경
동 존경하다

re 다시+spect 우러러보다

■ We should <u>respect</u> his opinion.
우리는 그의 의견을 존중해야 한다.

suspect
★★ 명 [sʌ́spekt]
동 [səspékt]
명 용의자
동 의심하다

sus 밑에서+pect 보다

■ Nobody <u>suspected</u> the old man.
아무도 그 노인을 수상히 여기지 않았다.

a murder suspect 살인 용의자

correct
★ [kərékt]
형 올바른, 정확한
동 정정하다, 바로잡다

파 correctly 정확하게

■ It is a <u>correct</u> answer.
그것은 정답이다.

correct errors 틀린 곳을 고치다

direct
[dirékt]
di 따로+rect 이끌다

형 직접의, 직행의
동 지시하다, 감독하다

■ Draw a <u>direct</u> line here.
여기에 직선을 그려라.
direct experience 직접 경험

11일

insect
[ínsekt]
in 안에+sect 잘린듯한 것

명 곤충

■ Tom collects <u>insects</u>.
톰은 곤충을 채집한다.

12일

detect
[ditékt]
de 벗기다+tect 덮은 것
파 detective 탐정, 형사

동 발견하다, 간파하다

■ They <u>detected</u> a problem in the computer program.
그들은 컴퓨터 프로그램의 문제점을 발견했다.

13일

protect
[prətékt]
pro 앞에서+tect 덮어주다
파 protection 보호

동 지키다, 보호하다

■ A mother hen will <u>protect</u> her chicks.
어미닭은 병아리들을 보호할 것이다.

14일

15일

16일

perfect
[pə́:rfikt]   ▼ect[ikt]
per 완전하게+fect 하는
파 perfection 완성

형 완전한, 완벽한

■ He is a <u>perfect</u> pianist.
그는 완벽한 피아니스트이다.
a perfect fit 몸에 꼭 맞는 옷

17일

object
[á:bdʒikt]

명 물체, 대상, 목적, 목적어

■ I saw a strange <u>object</u>.
나는 이상한 물체를 보았다.
the direct object 직접목적어

18일

subject
[sʌ́bdʒikt]

명 학과, 과목, 주제
형 ~의 지배를 받는

■ My favorite <u>subject</u> is math.
내가 가장 좋아하는 과목은 수학이다.
the subject of discussion 토론 주제

19일

20일

공통어미 〈ed〉로 구성되는 단어

bed
[bed]
파bedroom 침실

명 침대

■A baby is sleeping in the <u>bed</u>.
아기가 침대에서 자고있다.
a single bed 1인용 침대

red
[red]
동음 read 읽다

형 빨간
명 빨강, 적색

■This flower is <u>red</u>.
이 꽃은 빨갛다.
a red rose 빨간 장미

★ **wed**
[wed]
유marry 결혼하다

동 ~와 결혼하다

■She was in a <u>wedding</u> dress.
그녀는 웨딩드레스를 입고 있었다.
wedding ring 결혼 반지

sled
[sled]
유sledge 썰매

명 썰매
동 썰매를 타다

■Let's go <u>sledding</u>.
썰매를 나러 갑시다.

공통어미 〈ee〉로 구성되는 단어

bee
[bi:]
a flying insect to make honey

명 꿀벌

■This is a queen <u>bee</u>.
이것은 여왕벌이다.
a working bee 일벌

★ **fee**
[fi:]

명 사례금, 수업료, 입장료

■How much is the admission <u>fee</u>?
입장료는 얼마입니까?
an entrance fee 입학금

see
[si:]
유look after 보다

동 보다, 보이다, 알다

■I'm very glad to <u>see</u> you.
만나서 반갑습니다.

★★ **flee**
[fli:]
유run away 도망하다

동 도망치다, 달아나다

■She <u>fled</u> from country.
그녀는 외국으로 달아났다.

free
[fri:]
반 bound 속박된

형 자유로운, 무료의, 한가한

■ I want to live in a <u>free</u> country.
나는 자유국가에서 살고 싶다.
a free ticket 무료입장권

11일

tree
[tri:]

명 나무

■ The birds are singing in the <u>trees</u>.
새들이 나무에서 지저귀고 있다.

12일

three
[θri:]

명 3, 셋
형 3의, 셋의

■ I have <u>three</u> brothers.
나는 삼형제가 있다.
The three little pigs 아기 돼지 삼형제

13일

knee
[ni:]   ▼k[묵음]

명 무릎

■ He prayed on his <u>knees</u>.
그는 무릎 꿇고 기도했다.

coffee
[kɔ́:fi]

명 커피

■ Would you like a cup of <u>coffee</u>?
커피 한 잔 하시겠습니까?
coffee break 휴식시간

14일

★ agree
[əgrí:]
a ~로+gree 기쁘게 하다
파 agreement 동의

동 동의하다, 찬성하다

■ They <u>agreed</u> on the plan.
그들은 그 계획에 찬성했다.

15일

16일

공통어미 〈eed〉로 구성되는 단어

★ deed
[di:d]
유 action 행위

명 행위, 업적

■ <u>Deeds</u> are better than words.
실행은 말보다 낫다.
good deed 선행

17일

feed
[fi:d]
give food to a person or an animal

동 먹을 것을 주다, 기르다

■ Don't <u>feed</u> these animals,
please.
이 동물들에게 먹을 것을 주지 마시오.

18일

★★ heed
[hi:d]
유 listen 귀를 기울이다

동 주의하다, 유의하다

■ You must <u>heed</u> to your
teacher's word.
선생님의 말에 주의해야 한다.

19일

need
[ni:d]
유 require 필요로 하다

명 필요
동 필요하다

■ I <u>need</u> money.
나는 돈이 필요하다.
need to~ ~할 필요가 있다

20일

* **reed**
[ri:d]
통음 read 읽다

몡 (식물) 갈대

■ <u>Reed</u> grows near the water.
갈대는 물 근처에서 자란다.
among the reeds 갈대 사이에

seed
[si:d]
윤 source 원천

몡 씨
통 씨를 뿌리다

■ The farmer sowed <u>seeds</u> in the field.
농부는 밭에 씨를 뿌렸다.

* **weed**
[wi:d]
to pull up weeds

몡 잡초
통 잡초를 뽑다

■ Father is <u>weeding</u> the garden.
아버지는 정원의 풀을 뽑고 있다.

* **bleed**
[bli:d]
to lose blood

통 피가 나오다, 출혈하다

■ They were <u>bleeding</u> very much.
그들은 피를 매우 많이 흘리고 있었다.

* **greed**
[gri:d]
윤 desire 욕심 파 greedy 욕심 많은

몡 탐욕, 욕심

■ The old man is very <u>greedy</u>.
저 노인은 매우 욕심이 많다.
greed for money 금전욕

speed
[spi:d]
윤 haste 급속

몡 속력, 속도

■ They ran at full <u>speed</u>.
그들은 전속력으로 달렸다.
the speed limit 제한속도

succeed
[səksí:d]
suc 목표 뒤에+ceed 가다
파 success 성공, successful 성공적인

통 성공하다

■ She <u>succeeded</u> in the examination.
그녀는 시험에 합격했다.
succeed in life 인생에서 성공하다

* **proceed**
[prousí:d]
pro 앞으로+ceed 가다

통 나아가다, 계속하다

■ The parade <u>proceeded</u> to the park.
그 행진은 공원 쪽으로 나아갔다.

indeed
[indí:d]
윤 really 실제로

부 참으로

■ Thank you very much <u>indeed</u>.
정말로 감사합니다.

공통어미 〈eek〉로 구성되는 단어

* **meek**
[mi:k]
윤 mild 유순한

형 유순한, 온순한

■ He is as <u>meek</u> as lamb.
그는 양처럼 순하다.

76

seek ★
[si:k]
동 찾다, 추구하다, 시도하다
유 search 찾다　반 hide 숨기다

■ We are <u>seeking</u> a job.
우리는 일자리를 구하고 있다.
seek happiness 행복을 추구하다

week
[wi:k]
명 주, 일주일
a period of seven days

■ I was very busy last <u>week</u>.
나는 지난 주에 매우 바빴다.
weekend 주말

cheek
[tʃi:k]
명 볼, 뺨

■ He kissed on her <u>cheek</u>.
그는 그녀의 볼에 키스했다.
rosy cheeks 발그레한 볼

공통어미 〈eel〉로 구성되는 단어

eel ★
[i:l]
명 뱀장어
a long, snake like fish

■ An <u>eel</u> is good to eat.
뱀장어는 맛이 좋다.

feel
[fi:l]
동 느끼다, 느낌이 들다
유 sense 감각　파 feeling 느낌

■ This cloth <u>feels</u> smooth.
이 천은 촉감이 부드럽다.
feel like~ ～을 하고 싶다

heel
[hi:l]
명 발꿈치, 뒤축, 하이힐
동음 heal 낫게 하다

■ Betty is wearing high <u>heels</u>.
베티는 하이힐을 신고 있다.
the heel of a shoe 구두 뒤축[굽]

kneel ★
[ni:l]　▼k[묵음]
동 무릎 꿇다
to go down on your knees

■ He was <u>kneeling</u> in prayer.
그는 무릎 꿇고 기도하고 있다.

wheel
[hwi:l]
명 바퀴, 수레바퀴, 핸들

■ The truck has ten <u>wheels</u>.
그 트럭은 10개의 바퀴가 있다.
a front wheel 앞바퀴

steel
[sti:l]
명 강철
동음 steal 훔치다　유 iron 철

■ These tools are made of <u>steels</u>.
이 도구들은 강철로 만들어졌다.

11일

12일

13일

14일

15일

16일

17일

18일

19일

20일

공통어미 〈een〉으로 구성되는 단어

★ **keen**
[ki:n]
ⓨsharp 날카로운

⃝형 날카로운, 예리한, 예민한

■The knife has a <u>keen</u> edge.
그 나이프는 날이 예리하다.
a keen sense 예민한 감각

queen
[kwi:n]
⃝반king 왕

⃝명 여왕

■The ruler of England is a <u>queen</u>.
영국의 통치자는 여왕이다.
a queen of beauty 미의 여왕

green
[gri:n]
ⓨunripe 익지 않은

⃝형 녹색의, 초록의

■Our house has a <u>green</u> roof.
우리 집 지붕은 녹색이다.
a green belt 녹지대

between
[bitwí:n]
be 있다+tween 둘 사이에

⃝전 ~사이에

■Let's start <u>between</u> ten and eleven.
10시와 11시 사이에 출발하자.

공통어미 〈eep〉으로 구성되는 단어

deep
[dí:p]
ⓨprofound 심원한　⃝반shallow 얕은

⃝형 깊은
⃝부 깊게

■The river is very <u>deep</u>.
이 강은 매우 깊다.
deep meaning 심오한 뜻

keep
[ki:p]
ⓨhold 지니다

⃝동 보유하다, 계속하다, 지키다

■He always <u>keeps</u> his promise.
그는 언제나 약속을 지킨다.
keep the change 거스름돈을 받다

★ **weep**
[wi:p]
ⓨcry 울다

⃝동 울다, 눈물을 흘리다

■She began to <u>weep</u>.
그녀는 울기 시작했다.
weep for joy 기뻐서 울다

sheep
[ʃi:p]

⃝명 양

■Many <u>sheep</u> are feeding there.
많은 양들이 거기에서 풀을 뜯고 있다.
a stray sheep 길 잃은 양

sleep [sli:p] ⊕slumber 자다　凡wake 깨어있다	통 잠자다, 자다	■Tom talks in his <u>sleep</u>. 톰은 잠꼬대를 한다. sleep tight 푹 자다
★ **steep** [sti:p] ⊕sharp 험준한	형 가파른, 경사가 급한 명 급경사	■He went up a <u>steep</u> hill. 그는 가파른 언덕을 올라갔다. a steep cliff 가파른 절벽
★ **sweep** [swi:p]	통 쓸다, 청소하다	■She is <u>sweeping</u> her livingroom. 그녀는 거실을 청소하고 있다.

공통어미 〈eer〉로 구성되는 단어

beer [biər] an alcoholic drink	명 맥주	■Father usually has a bottle of <u>beer</u>. 아버지는 보통 맥주 한 병을 마신다. draft beer 생맥주
deer [diər]	명 사슴	■Have you ever seen a <u>deer</u>? 사슴을 본 적이 있나요? a deer hunter 사슴 사냥꾼
cheer [tʃiər] 凡gloom 우울　파cheerful 명랑한	명 환호, 갈채, 격려 통 갈채하다, 기운을 북돋우다	■We gave three <u>cheers</u> for him. 우리는 그를 위해 만세 삼창을 했다. Cheer up! 힘내세요!
★ **sneer** [sniər] smile that expresses scorn	통 냉소하다	■Don't <u>sneer</u> at the poor. 가난한 사람들을 보고 비웃지 마라.
★ **steer** [stiər] control direction	통 조종하다	■The captain is <u>steering</u> the ship. 그 선장은 배를 조종하고 있다. steer for a harbor 배를 항구로 몰고가다
★ **career** [kəríər]	명 직업, 경력	■What is her past <u>career</u>? 그녀는 어떤 경력을 가진 사람입니까? a dual-career family 맞벌이 가정

11일

12일

13일

14일

15일

16일

17일

18일

19일

20일

79

공통어미 〈eet〉로 구성되는 단어

feet
[fiːt]
plural of foot

명 foot 발의 복수

■ Her <u>feet</u> were warm.
그녀의 발은 따뜻했다.

meet
[miːt]
파 meeting 회의　동음 meat 짐승의 고기

동 만나다, 마중하다

■ I am glad to <u>meet</u> you.
뵙게 되어 반갑습니다.

sheet
[ʃiːt]

명 (침대의) 시트,
(종이 등) ~장

■ She put clean <u>sheets</u> on the bed.
그녀는 침대에 깨끗한 시트를 깔았다.
clean sheets 깨끗한 시트
a sheet of glass 유리 한 장

★ **greet**
[griːt]
유 salute 인사하다

동 인사하다, 맞이하다

■ Mary <u>greeted</u> him with a smile.
메리는 웃으면서 그에게 인사했다.

street
[striːt]
유 road 길

명 길, 거리

■ I walked along the <u>street</u>.
나는 길을 따라 걸었다.
the main street 큰 거리

sweet
[swiːt]
반 sour 신

형 단, 달콤한

■ This flower has a <u>sweet</u> smell.
이 꽃은 향기로운 냄새가 난다.
a sweet voice 감미로운 목소리

공통어미 〈eeze〉로 구성되는 단어

★ **breeze**
[briːz]
a gentle wind

명 산들바람

■ I like the spring <u>breeze</u>.
나는 봄의 산들 바람이 좋다.
a pleasant breeze 상쾌한 산들바람

★ **freeze**
[friːz]
반 melt 녹다

동 얼다, 얼리다

■ The water <u>freezes</u> into ice.
물은 얼어서 얼음이 된다.

★ **sneeze**
[sniːz]

동 재채기하다

■ He <u>sneezed</u> and <u>sneezed</u>.
그는 자꾸 재채기를 했다.

공통어미 〈ell〉로 구성되는 단어

★ **cell**
[sel]
　㈜a small room 작은 방

명 작은 방, 세포

■Our body has many <u>cells</u>.
우리 몸에는 많은 세포가 있다.
cancer cells 암세포

11일

hell
[hel]
　반heaven 천국

명 지옥

■<u>Hell</u> is the opposite of heaven.
'지옥'은 '천국'의 반대이다.

12일

sell
[sel]
　반buy 사다　동음cell 세포

동 팔다, 팔리다

■This book is <u>selling</u> well.
이 책은 잘 팔린다.
begin to sell 판매를 개시하다

13일

tell
[tel]
　㈜say 말하다

동 말하다, 알리다

■Please <u>tell</u> me your address.
내게 당신 주소를 말해 주세요.
tell a lie 거짓말을 하다

14일

★ **yell**
[jel]
　㈜cry 외치다

동 외치다

■They <u>yelled</u> for help.
그들은 도와 달라고 외쳤다.

15일

shell
[ʃel]

명 조가비, 껍데기, 껍질

■We went to the beach to
gather <u>shells</u>.
우리는 조가비를 채집하러 바닷가에 갔다.
an oyster shell 굴 껍데기

16일

smell
[smel]

명 냄새
동 냄새를 맡다

■She <u>smelled</u> the meat.
그녀는 고기 냄새를 맡았다.
the smell of flowers 꽃냄새

17일

spell
[spel]
　to write the letters of a word

동 철자하다

■This child can <u>spell</u> his name.
이 어린아이는 자기 이름을 철자할 수 있다.

18일

★★ **dwell**
[dwel]
　파dwelling 주택

동 거주하다

■The house is a two-family
<u>dwelling</u>.
그 집은 두 세대가 쓰는 주택이다.

19일

★★ **swell**
[swel]
　to become bigger or fatter
　㈜grow bigger 부풀다

동 부풀다, 강이 불다

■The river <u>swelled</u> with the rain.
비가 와서 강이 불었다.

20일

Exercise

step1 영어를 우리말로, 우리말을 영어로 바꾸시오.

1 preach _____

2 lean _____

3 heap _____

4 cease _____

5 prospect _____

6 subject _____

7 flee _____

8 kneel _____

9 weep _____

10 dwell _____

11 감추다 _____

12 증기 _____

13 맹세하다, 서약하다 _____

14 산뜻한, 말쑥한, 깔끔한 _____

15 거부하다, 거절하다 _____

16 지력, 지성 _____

17 주의하다, 유의하다 _____

18 동의하다, 찬성하다 _____

19 직업, 경력 _____

20 인사하다, 맞이하다 _____

step2 우리 말과 같은 뜻이 되도록 빈칸을 채우시오.

1 아프리카에서 코끼리는 큰 위협이 되고 있다.

　Elephants are becoming a big _____ in Africa.

2 햇빛이 구름 사이로 내리쬐고 있다.

　The sunlight comes down _____ the clouds.

3 점심 식사 후의 졸음을 참는 것은 쉽지 않다.

　It is hard to _____ the sleepiness after lunch.

4 그녀는 자신의 아버지를 살려달라고 도움을 호소했다.

　She _____ for aid to save her father.

5 너무 많은 욕심은 당신의 계획을 망칠 수 있다.

　Too much _____ can ruin your plan.

---

step1 1 설교하다 2 기대다, 기울다, 여윈, 호리호리한 3 더미, 다수, 다량 4 그만두다, 그치다 5 전망, 경치, 가망
6 학과, 과목, 주제, ~의 지배를 받는, 복종시키다 7 도망치다, 달아나다 8 무릎 꿇다 9 울다, 눈물을 흘리다 10 거주하다 11 conceal
12 steam 13 swear 14 neat 15 reject 16 intellect 17 heed 18 agree 19 career 20 greet
step2 1 threat 2 between 3 bear 4 appealed 5 greed

step3 다음 문장의 문맥에 맞게 알맞은 단어를 고르시오.

1 Dogs have a (dear/deep) sense in smelling and hearing.

2 Lots of people have (dread/thread) of skydiving.

3 There can be bad (affects/effects) if you eat this pill too much.

4 We will keep (proceeding/spreading) this event even if it rains.

5 A deer (appealed/appeared) on the road from the forest.

6 I didn't (expect/inspect) him to come in time.

7 We must be careful when climbing (steep/steel) mountains.

8 A great (ideal/deal) of rain poured yesterday with thunder.

9 She practiced a lot to (repeat/defeat) him in the game.

10 We are going to reach to the goal by all (means/meals).

step4 다음의 〈보기〉중에서 각 문장의 빈칸에 알맞은 것을 고르시오.

┌ 보기 ─────────────────────────────┐
steer   ideal   direct   succeed   reveal
└──────────────────────────────────┘

1 There is no _____ flight to Brazil now.

2 The magic's hidden truth was finally _____ ed.

3 A world in peace and harmony is the _____ goal for us.

4 You must pass several exams to _____ this machine.

5 There are not many people who _____ to climb this mountain.

---

step3 1 deep   2 dread   3 effects   4 proceeding   5 appeared   6 expect   7 steep   8 deal   9 defeat   10 means
step4 1 direct   2 reveal   3 ideal   4 steer   5 succeed

공통어미 〈en〉으로 구성되는 단어

hen
[hen]
⑱ cock, rooster 수탉

명 암탉

■ <u>Hens</u> lay eggs.
암탉은 알을 낳는다.

pen
[pen]
⑨ write 쓰다

명 펜, 우리
통 쓰다

■ Write with <u>pen</u> and ink.
펜과 잉크로 써라.
fountain pen 만년필

ten
[ten]
⑲ tenth 제10의

명 10, 열
형 10의

■ Five and five make <u>ten</u>.
5 더하기 5는 10이다.
ten to one 십중팔구

then
[ðcn]
⑨ at that time 그때에

부 그때, 그러면

■ I was in Pusan <u>then</u>.
나는 그때 부산에 있었다.

when
[hwen]
at what time
⑲ whenever 언제든지

부 언제
접 ~할때

■ <u>When</u> is your birthday?
당신 생일은 언제입니까?

공통어미 〈end〉로 구성되는 단어

end
[end]
⑱ beginning 시작, begin 시작하다

명 끝
통 끝나다, 끝내다

■ He left at the <u>end</u> of last month.
그는 지난 달 말에 떠났다.

bend
[bend]

통 구부리다,
구부러지다, 휘다

■ The branch <u>bent</u> in the wind.
가지가 바람에 휘었다.
bend one's knee 무릎을 구부리다

lend
[lend]
⑨ loan 빌려주다 ⑱ borrow 빌리다

통 빌려주다

■ I will <u>lend</u> you the money.
내가 너에게 돈을 빌려줄게.

blend
[blend]
⑧ mix 섞다

통 섞다, 섞이다

■ Oil and water will not <u>blend</u>.
기름과 물은 섞이지 않는다.
blend milk and cream
우유와 크림을 섞다

11일

mend
[mend]
⑧ repair 수선하다

통 고치다, 수리하다

■ She <u>mended</u> my pants.
그녀는 내 바지를 수선했다.
mend shoes 구두를 수선하다

12일

send
[send]
⑲ call 부르다

통 보내다

■ I will <u>send</u> the book by airmail.
나는 그 책을 항공편으로 보낼 것이다.
send a letter 편지를 보내다

13일

tend
[tend]
⑧ look after 돌보다

통 ~하는 경향이 있다,
돌보다

■ She <u>tends</u> to talk quickly.
그녀는 빨리 말하는 경향이 있다.

14일

attend
[əténd]
at ~로+tend 뻗다 ㉙ attendance 출석, 참석

통 참석하다, 돌보다, 주의하다

■ I will <u>attend</u> the meeting.
나는 그 모임에 참석할 것이다.
attend school 등교하다

15일

extend
[iksténd]
ex 밖으로+tend 뻗다

통 연장하다, 넓히다

■ He <u>extended</u> his business.
그는 사업을 확장했다.
extend the time 시간을 연장하다

intend
[inténd]
in 안으로+tend 뻗다

통 ~할 작정이다

■ I <u>intend</u> to start at once.
나는 곧 출발할 생각이다.

16일

pretend
[priténd]
pre 앞에+tend 뻗다

통 ~인 체하다

■ She <u>pretended</u> to be ill.
그녀는 아픈 체했다.

17일

spend
[spend]
⑧ pass 시간을 보내다

통 쓰다, 소비하다,
시간을 보내다

■ He <u>spends</u> ten dollars a week.
그는 1주일에 10달러를 쓴다.
spend money 돈을 쓰다

18일

depend
[dipénd]
de 아래+pend 매달리다
㉙ dependent 의존하는

통 의존하다, ~에 달려있다

■ It <u>depends</u> upon your effort.
그것은 너의 노력에 달려있다.

19일

defend
[difénd]
㉙ defense 방어, 수비

통 방어하다, 수비하다
변호하다

■ She <u>defended</u> herself well.
그녀는 자기 입장을 변호했다.
defend the borders 국경을 수비하다

20일

descend ★★
[disénd]
동 내려가다
de 밑으로+scend 가다 반 ascend 올라가다

■ Many people descended the mountain.
많은 사람들이 산을 내려갔다.

공통어미 〈ense〉로 구성되는 단어

dense ★★
[dens]   ▼ense[ens]
형 밀집한, 빽빽한
유 thick 짙은

■ London is famous for its dense fog.
런던은 짙은 안개로 유명하다.
a dense woods 울창한 숲

sense
[sens]
명 감각, 분별, 의미
유 meaning 의미 파 sensitive 민감한

■ He is a man of sense.
그는 분별이 있는 사람이다.
the five senses 오감

tense ★
[tens]
형 팽팽한, 긴장한
반 loose 느슨한

■ It was a tense moment.
그것은 긴장된 순간이었다.
a tense rope 팽팽한 밧줄

expense ★
[ikspéns]
명 지출, 소비
반 income 수입 파 expensive 값비싼

■ He published book at his expense.
그는 책을 자비로 출판했다.

license ★
[láisəns]   ▼ense[əns]
명 면허(증)

■ She has a driver's license.
그녀는 운전 면허증을 갖고 있다.

공통어미 〈ent〉로 구성되는 단어

cent
[sent]
명 센트 화폐단위

■ This is five dollars and fifty cent.
이것은 5달러 50센트이다.

rent
[rent]
명 집세, 사용료
동 임대하다
money paid for using a house

■ He pays the rent every month.
그는 매월 집세를 지불한다.
rent an apartment 아파트를 임차하다

scent ★
[sent]
명 향기
a pleasant smell

■ I like the scent of flowers.
나는 꽃의 향기를 좋아한다.
a sweet scent 달콤한 향기

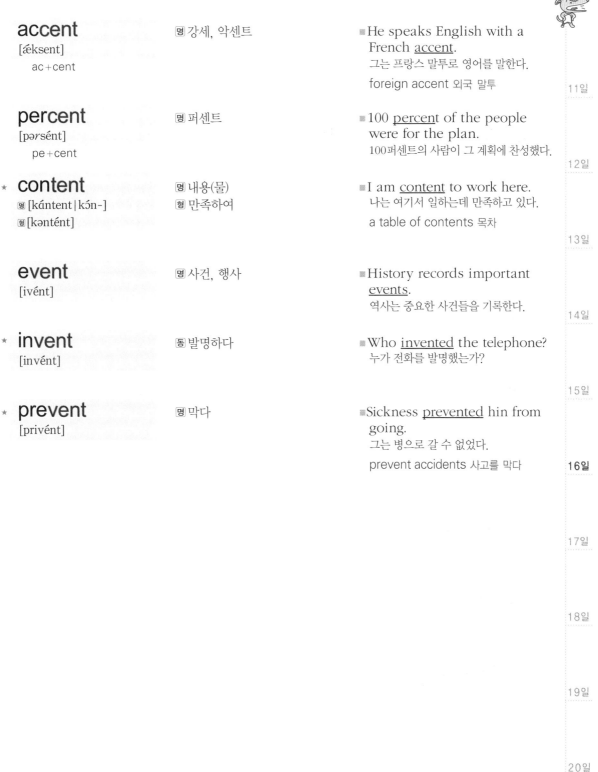

accent
[ǽksent]
ac+cent

명 강세, 악센트

■He speaks English with a French <u>accent</u>.
그는 프랑스 말투로 영어를 말한다.
foreign accent 외국 말투

11일

percent
[pərsént]
pe+cent

명 퍼센트

■100 <u>percent</u> of the people were for the plan.
100퍼센트의 사람이 그 계획에 찬성했다.

12일

★ **content**
형 [kántent|kɔ́n-]
형 [kəntént]

명 내용(물)
형 만족하여

■I am <u>content</u> to work here.
나는 여기서 일하는데 만족하고 있다.
a table of contents 목차

13일

event
[ivént]

명 사건, 행사

■History records important <u>events</u>.
역사는 중요한 사건들을 기록한다.

14일

★ **invent**
[invént]

동 발명하다

■Who <u>invented</u> the telephone?
누가 전화를 발명했는가?

15일

★ **prevent**
[privént]

명 막다

■Sickness <u>prevented</u> hin from going.
그는 병으로 갈 수 없었다.
prevent accidents 사고를 막다

16일

17일

18일

19일

20일

공통어미 〈ere〉로 구성되는 단어

here
[hiər]　　　▼ere[iər]
동음 hear 듣다

튄 여기에, 여기에서

■ We can play baseball <u>here</u>.
우리는 여기에서 야구를 할 수 있다.

★ **sincere**
[sinsíər]

형 진실한, 성실한

■ He is a <u>sincere</u> friend of mine.
그는 나의 진실한 친구이다.

there
[ðɛər]　　　▼ere[ɛər]
반 here 여기에

튄 거기에, 거기서

■ I will go <u>there</u> tomorrow.
나는 내일 거기에 갈 것이다.

where
[hwɛər]

튄 어디에, 어디서

■ <u>Where</u> are you going?
어디에 갑니까?

anywhere
[énihwɛ̀ər]
　in any place

튄 어딘가에, 아무 곳에도

■ You may go <u>anywhere</u>.
너는 어디든지 가도 된다.

everywhere
[évrihwɛ̀ər]
　in every place

튄 어디에나

■ I looked <u>everywhere</u> for the book.
나는 그 책을 사방으로 찾아보았다.

nowhere
[nóuhwɛ̀ər]
반 anywhere 어딘가에

튄 아무 곳에도 ~않다

■ He was <u>nowhere</u> in sight.
그는 어디에도 보이지 않았다.

somewhere
[sʌ́mhwɛ̀ər]
　in some place

튄 어딘가에

■ He live <u>somewhere</u> in this neighborhood.
그는 이 근처 어딘가에 살고 있다.

공통어미 〈ern〉으로 구성되는 단어

★ **concern**
[kənsə́ːrn]
　㊙relation 관계

명 걱정, 관심
통 관계되다

■ That <u>conerns</u> me.
그것은 나와 관계가 있다.

11일

★ **govern**
[gʌ́vərn]
　㊙goverment 정부

통 다스리다, 통치하다

■ Who <u>governs</u> that country?
누가 그 나라를 다스립니까?

12일

modern
[mɑ́dərn]
　㊙ancient 고대의

형 현대의, 근대의

■ That hotel has
<u>modern</u> equipment.
저 호텔은 최신의 설비를 갖추고 있다.
modern times 현대

13일

pattern
[pǽtərn]

명 무늬, 패턴

■ This carpet has a pretty <u>pattern</u>.
이 카펫의 무늬는 아름답다.

14일

15일

공통어미 〈erry/ery〉로 구성되는 단어

berry
[beri]
　a small Juicy fruit

명 베리 딸기류의 열매, 장과

■ She went to gather <u>berries</u>.
그녀는 베리를 따러 갔다.
blueberry 블루베리

16일

strawberry
[strɔ́ːbèri]
　straw 짚+berry

명 딸기

■ I like <u>strawberries</u>.
나는 딸기를 좋아한다.
strawberry jam 딸기잼

17일

cherry
[tʃeri]
　a small round fruit

명 버찌, 벚나무

■ <u>Cherries</u> are good to eat.
버찌는 맛이 있다.
cherry blossom 벚꽃

18일

ferry
[feri]

명 연락선, 나룻배

■ We crossed the river by <u>ferry</u>
boat.
우리는 나룻배로 강을 건넜다.

19일

★ **merry**
[meri]
　㊙Joyous 즐거운

형 명랑한, 즐거운

■ They had a <u>merry</u> time.
그들은 즐거운 시간을 보냈다.
Merry Christmas! 메리 크리스마스!

20일

very [veri]	⬚매우, 대단히	▪Thank you <u>very</u> much. 대단히 감사합니다. very happy 매우 행복한 very interesting 매우 재미있는

공통어미 〈ert〉로 구성되는 단어

concert [kánsərt]	⬚콘서트, 음악회	▪We went to a <u>concert</u> last Sunday. 지난 일요일에 우리들은 음악회에 갔다.
★ **convert** [kənvə́ːrt]	⬚전환시키다, 개조하다	▪<u>Convert</u> the music the mp3 format. 음악을 MP3형식으로 바꿔라.
★ **desert** [dézərt]	⬚사막, 황야	▪They crossed the Sahara <u>desert</u>. 그들은 사하라 사막을 횡단했다.
★ **dessert** [dizə́ːrt]	⬚니서트, 후식	▪We had cake for <u>dessert</u>. 우리는 디저트로 케이크를 먹었다.
★ **insert** [insə́ːrt]	⬚삽입하다, 끼워넣다	▪Please <u>insert</u> the coin. 동전을 넣어주세요.

공통어미 〈erve〉로 구성되는 단어

★ **nerve** [nəːrv] ⬚courage 용기 ⬚nervous 신경질적인	⬚신경, 기력, 담력	▪Don't get on my <u>nerves</u>! 내 신경 좀 건드리지 마! a war of nerves 신경전
★ **serve** [səːrv] to work for somebody ⬚service 봉사	⬚봉사하다, 근무하다, 시중들다	▪He <u>served</u> for his country. 그는 나라를 위해 봉사했다. serve for nothing 무료로 봉사하다

deserve
★★
[dizə́:rv]
de 완전히+serve 부합하다

⑧ ~을 받을 만하다

■ Her conduct <u>deserves</u> to be praised.
그녀의 행동은 칭찬 받을 만하다.

observe
★★
[əbzə́:rv]
ob ~에+serve 주의하다

⑧ 관찰하다, 관측하다

■ We <u>observed</u> the moon every night.
우리는 밤마다 달을 관측했다.

observe the experiment
실험을 관찰하다

preserve
★★
[prizə́:rv]
pre 앞서+serve 지키다

⑧ 보존하다, 저장하다

■ Let's <u>preserve</u> our nature.
우리의 자연을 보호하자.

preserve our land 우리의 땅을 지키다

reserve
★★
[rizə́:rv]
re 뒤에+serve 간직하다
㈜ reservation 예약

⑧ 예약하다

■ We <u>reserved</u> a large room for our meeting.
우리는 회의를 위해 큰 방을 예약했다.

11일

12일

13일

14일

15일

16일

17일

18일

19일

20일

공통어미 〈ess〉로 구성되는 단어

less
[les]
(반) more ~보다 많이
(파) lessen 줄다, 줄이다

(형) 보다 작은
(부) 보다 적게

■ <u>Less</u> people go to church than before.
교회에 나가는 사람이 이전보다 적다.
more or less 다소, 어느정도

---

bless
[bles]
(반) curse 저주하다

(동) 축복하다

■ He <u>blessed</u> the child.
그는 아이를 축복해 주었다.
God bless you 신의 축복이 있기를!

---

mess
[mes]
(유) confusion 혼란

(명) 혼란, 엉망, 난잡
(동) 엉망으로 만들다

■ The street is in a terrible <u>mess</u>.
거리가 엉망으로 지저분하다.
terrible mess 아수라장, 난장판

---

chess
[tʃes]

(명) 시양징기, 체스

■ How about a game of <u>chess</u>?
체스 한 판 둘까요?
play chess 체스를 두다

---

guess
[ges]
(반) prove 증명하다

(명) 추측
(동) 추측하다, ~라고 생각하다

■ I <u>guess</u> you are right.
나는 네가 옳다고 생각한다.
take a guess 어림짐작하다

---

press
[pres]
(유) push 밀다

(동) 누르다, 강요하다

■ Tom <u>pressed</u> the button.
톰은 초인종의 버튼을 눌렀다.
press down the pedals 페달을 밟다

---

depress
[diprés]

(동) 우울하게 하다

■ We sometimes get <u>depressed</u>.
우리는 때때로 우울해진다.

---

express
[iksprés]
ex 밖으로+press 밀어내다
(파) expression 표현

(동) 표현하다
(형) 급행의

■ She <u>expressed</u> herself in English.
그녀는 영어로 자기 생각을 말했다.
an express train 급행 열차

---

address
[ədrés]

(명) 주소, 연설

■ Write your name and <u>address</u>.
당신의 이름과 주소를 쓰세요.
a keynote adress 기조 연설

★ **progress** [prəgrés] pro 앞으로+gress 가다	명 전진, 진보 동 전진하다, 진보하다	■ She showed <u>progress</u> in math. 그녀는 수학에서 실력향상을 보였다. **make progress** 진행하다, 진보하다

공통어미 〈est〉로 구성되는 단어

best [best] 반 worst 가장 나쁜	형 가장 좋은 good의 최상급 부 가장 잘 well의 최상급 명 최선	■ He is the <u>best</u> doctor in our city. 그는 우리 시에서 가장 훌륭한 의사이다. **do one's best** 최선을 다하다
★ **lest** [lest]	접 ~하지 않도록	■ Study hard <u>lest</u> you fail. 실패하지 않도록 열심히 공부해라.
nest [nest]	명 보금자리, 둥지	■ The bird made a <u>nest</u>. 새는 둥지를 만들었다. **a swallow's nest** 제비집
rest [rest] 반 work 일하다	명 휴식, 나머지 동 쉬다	■ We <u>rested</u> for an hour. 우리는 한 시간 동안 쉬었다. **a rest room** 화장실
test [test] 유 examination 시험	명 시험 동 시험하다	■ We have a <u>test</u> every week. 우리는 매주 시험을 친다. **a driving test** 운전 면허 시험
★ **contest** [kántest] con 함께+test 증언하다	명 경쟁, 경연	■ We had beauty <u>contest</u>. 우리는 미인 대회를 했다. **a piano contest** 피아노 경연대회
★★ **protest** [prətést] pro 앞에서+test 증거를대다	동 항의하다, 이의를 제기하다 주장하다	■ They <u>protested</u> against the plan. 그들은 그 계획에 항의했다.
west [west] 반 east 동쪽 파 western 서쪽의	명 서쪽 형 서쪽의 부 서쪽으로	■ The sun sets in the <u>west</u>. 해는 서쪽으로 진다. **a west wind** 서풍
guest [gest] 반 host 주인	명 손님	■ You are my <u>guest</u>. 당신은 저의 손님입니다. **a dinner guest** 저녁식사 손님

11일

12일

13일

14일

15일

16일

17일

18일

19일

20일

★★ suggest
[sədʒést]
sug 밑에+guest 두다

통 제안[제의]하다

■ He <u>suggested</u> a new plan.
그는 새로운 계획을 제안하였다.

공통어미 〈et〉로 구성되는 단어

★ bet
[bet]   ▼et[et]
㊌gamble 도박을 하다

통 내기를 걸다, 확신하다

■ I <u>bet</u> it will rain tomorrow.
내일 틀림없이 비가 올 것이다.
betting 내기, 내기 돈

get
[get]
㊌obtain 얻다 ㊙lose 잃다

통 얻다, 사다

■ I <u>got</u> a new coat at that store.
나는 저 가게에서 새 코트를 샀다.
get a job 일자리를 얻다

let
[let]
㊌allow ~하게하다

통 시키다, ~하게 하다

■ <u>Let</u> me try again.
제가 다시 하게 해주세요.

net
[net]
㊌snare 함정

명 그물, 네트
통 그물로 잡다

■ He was able to <u>net</u> a fish.
그는 그물로 물고기를 잡을 수 있었다.
a fishing net 어망

pet
[pet]

명 애완동물, 귀염둥이

■ This cat is my <u>pet</u>.
이 고양이는 나의 애완동물이다.

set
[set]
㊌put 놓다

통 놓다, 차리다, 정하다
해[달]이 지다
명 세트

■ I'll <u>set</u> the table for dinner.
저녁 식탁을 차릴 게요.

wet
[wet]
㊌damp 축축한

형 젖은, 축축한

■ The leaves are <u>wet</u> with rain.
나뭇잎은 비에 젖어 있다.
a wet season 우기, 장마철

yet
[jet]
㊙already 이미

부 (부정문에서) 아직,
(의문문에서) 벌써

■ Mike has not started <u>yet</u>.
마이크는 아직 출발하지 않았다.

★ forget
[fərgét]
㊙remember 기억하다

통 잊다

■ Don't <u>forget</u> to call me.
내게 전화하는 거 잊어버리지 마세요.

★ **target** [táːrgit]　▼et [it]	몡 목표, 표적	■ He hit the <u>target</u>. 그는 표적을 맞혔다.
basket [bǽskit]	몡 바구니, 광주리	■ This is a shopping <u>basket</u>. 이것은 장바구니이다.
blanket [blǽŋkit]	몡 담요, 모포	■ I need two <u>blankets</u>. 나는 모포가 두 장 필요하다.
★ **bucket** [bʌ́kit]	몡 양동이, 물통	■ We need five <u>buckets</u> of water. 우리는 물 다섯 동이가 필요하다.
market [máːrkit]	몡 시장	■ Mother goes to <u>market</u> every Friday. 어머니는 매주 금요일에 장보러 가신다.
rocket [rákit]	몡 로켓	■ They launched a <u>rocket</u> at last. 그들은 드디어 로켓을 쏘아 올렸다. a moon rocket 달로켓
ticket [tíkit]	몡 표, 승차권	■ I have three <u>tickets</u> for concert. 나는 음악회 입장권을 세 장 갖고 있다. a train ticket 기차표
★ **bullet** [búlit]	몡 탄환	■ He was killed by a <u>bullet</u>. 그는 총탄에 맞아 죽었다. bullet proof glass 방탄유리
★ **planet** [plǽnit]	몡 행성	■ The earth is one of the <u>planets</u>. 지구는 행성 중의 하나이다.

공통어미 〈ever〉로 구성되는 단어

never [névər]	몪 결코 ~하지 않다	■ She is <u>never</u> late for school. 그녀는 결코 학교에 늦지 않는다.

11일
12일
13일
14일
15일
16일
17일
18일
19일
20일

clever
[klévər]
⑤bright 똑똑한

혱 영리한

■She is a <u>clever</u> girl.
그녀는 영리한 소녀이다.

a clever idea 영리한 생각

forever
[fərévər]

뵘 영원히, 언제까지나

■I will love you <u>forever</u>.
나는 너를 언제까지나 사랑할 것이다.

★ however
[hàuévər]
how+ever

젭 그러나

■Later, <u>however</u>, he decided to do it.
그러나 나중에 그는 그것을 하려고 결심했다.

★ whatever
[hwatévər]
what+ever

대 ~하는 것은 무엇이든

■You can say <u>whatever</u> you want.
네가 하고 싶은 말은 무엇이든 말할 수 있다.

★ whenever
[hwenévər]
when+ever

젭 ~할 때는 언제든지

■Come <u>whenever</u> you wish.
당신이 원할 때는 언제든지 오세요.

★ wherever
[hwɛərévər]
where+ever

뵘 ~하는 곳은 어디라도

■Sit <u>wherever</u> you like.
어디든지 앉고 싶은 곳에 앉으세요.

★ whichever
[hwitʃévər]
which+ever

대 어느 것이든

■Take <u>whichever</u> you want.
어느 것이든 당신이 갖고 싶은 것을 가지세요.

11일

12일

13일

14일

15일

16일

17일

18일

19일

20일

공통어미 〈ew〉로 구성되는 단어

★ **dew**
[dju:]　　　▼ew[ju:]
명 이슬

■The grass was wet with <u>dew</u>.
잔디밭은 이슬로 젖어 있었다.

few
[fju:]
형 소수의, 둘셋의
반 many 많은

■I have a <u>few</u> friends in America.
나는 미국에 친구가 몇 명 있다.
a few days 2~3일

★★ **hew**
[hju:]
동 찍다, 베다
유 cut 자르다

■He is <u>hewing</u> the trees
in the garden.
그는 정원의 나무를 자르고 있다.

new
[nju:]
형 새로운
반 old 낡은

■In spring everything is <u>new</u>.
봄에는 모든 것이 새롭다.
a new house 새집

news
[nju:z]
명 소식, 뉴스

■I have some <u>news</u> for you.
나는 네게 알려줄 소식이 있다.
a bad[sad] news 나쁜[슬픈] 소식
newspaper 신문

★★ **renew**
[rinjú:]
동 새롭게 하다
re 다시+new 새롭게 하다

■He signed to <u>renew</u> the
contract.
그는 계약을 갱신하기 위해 사인을 했다.

★ **chew**
[tʃu:]　　　▼ew[u:]
to break food with your teeth
동 씹다, 깨물다

■She is <u>chewing</u> gum.
그녀는 껌을 씹고 있다.

★ **crew**
[kru:]
person who work on ship or aircraft
명 승무원

■All the <u>crew</u> were drowned.
승무원은 모두 익사했다.

★ **screw**
[skru:]
명 나사, (배의) 스크루

■There are a female <u>screw</u> and
male <u>screw</u> in <u>screw</u>.
나사에는 암나사와 수나사가 있다.

97

sew
[sou] ▼ew[ou]
동유 so

동 꿰매다, 깁다

■ Mary is <u>sewing</u> by the windows.
메리는 창가에서 바느질을 하고 있다.

공통어미 〈ice〉로 구성되는 단어

ice
[ais] ▼ice[ais]
frozen water

명 얼음

■ The river is covered with <u>ice</u>.
그 강은 얼음으로 덮여 있다.
icebox 냉장고, 아이스박스

mice
[mais]
plural of mouse

명 mouse 생쥐의 복수

■ When the cat's away,
the <u>mice</u> will play.
고양이가 없으면 쥐가 놀아난다.

nice
[nais]
유 good 훌륭한

형 좋은, 훌륭한, 친절한

■ She was <u>nice</u> to us.
그녀는 우리에게 친절했다.
a nice holiday 즐거운 휴일

rice
[rais]

명 쌀, 벼, 밥

■ We live on <u>rice</u>.
우리는 쌀밥을 먹고 산다.
rice field 논 rice crop 벼수확

price
[prais]
유 cost 값

명 가격, 값

■ <u>Prices</u> are going up.
물가가 상승하고 있다.
a set price 정가

twice
[twais]
two times 두 번

부 두 번

■ I met him <u>twice</u>.
나는 그를 두 번 만났다.
twice a week 일주일에 두 번

advice
[ədváis]
유 counsel 충고

명 충고, 조언

■ I followed his <u>advice</u>.
나는 그의 충고를 따랐다.
ask advice of ~의 조언을 구하다

device
[diváis]
유 equipment 장비

명 장치

■ Safety belts are a safety <u>device</u>.
안전벨트는 일종의 안전장치이다.
a input device 입력 장치

office
[ɔ́:fis] ▼ice[is]
유 duty 직무 파 official 공무의

명 사무실, 회사

■ He goes to his <u>office</u> at seven.
그는 7시에 사무실에 간다.
a branch office 지점

★ **practice**
[prǽktis]
　pract=do

명 연습
동 연습하다

■ Let's make up a dialog and <u>practice</u>.
대화를 완성하여 연습해 봅시다.
practice English 영어를 연습하다

11일

service
[sə́ːrvis]
　serve 봉사하다

명 봉사, 서비스

■ That restaurant gives good <u>service</u>.
그 음식점은 서비스가 좋다.

12일

공통어미 〈ich〉로 구성되는 단어

13일

rich
[rítʃ]
　반 poor 가난한

형 부유한, 풍부한

■ The United States is a <u>rich</u> country.
미국은 부유한 나라이다.
a rich merchant 돈 많은 상인

14일

which
[hwítʃ]

대 어느 것, 어느 쪽
형 어느 것의

■ I don't know <u>which</u> one to buy.
나는 어느 것을 사야 할지 모르겠다.

15일

sandwich
[sǽndwitʃ]

명 샌드위치

■ She is making <u>sandwiches</u>.
그녀는 샌드위치를 만들고 있다.
ham sandwiches 햄샌드위치

16일

★ **ostrich**
[ɔ́ːstritʃ]
　ost+rich 부유한

명 타조

■ <u>Ostrich</u> can't fly.
타조는 날지 못한다.

17일

공통어미 〈ick〉로 구성되는 단어

18일

kick
[kik]
　to hit sth with your foot

명 발로차기
동 차다

■ Tom <u>kicked</u> the ball.
톰은 공을 찼다.

19일

★ **lick**
[lik]
　유 lap 핥다

동 핥다

■ The dog <u>licked</u> his hand.
그 개는 그의 손을 핥았다.

20일

pick
[pik]
㈌choose 고르다

⑧ 고르다, 선택하다, 뽑다
꺾다, 따다

■She <u>picked</u> the best hat.
그녀는 제일 좋은 모자를 골랐다.
pick flowers 꽃을 꺾다

sick
[sik]
㉫well 건강한

⑲ 병든, 싫증난

■Mother is <u>sick</u> in bed.
어머니는 아파서 누워 계신다.
the sick 환자들

chick
[tʃik]
a very young bird

⑲ 병아리, 새끼 새

■Some <u>chicks</u> are hatched.
병아리가 부화되었다.
many chicks 많은 병아리

quick
[kwik]
㉫slow 느린
㉤quickly 재빠르게

⑲ 빠른, 신속한

■She is <u>quick</u> in doing everything.
그녀는 무엇이든지 빨리 한다.
a quick walker 빨리 걷는 사람

★ thick
[θik]
㉫thin 얇은

⑲ 두꺼운, 굵은, 짙은

■This book is very <u>thick</u>.
이 책은 매우 두껍다.
a thick line 굵은 선

★ brick
[brik]
a block of baked clay

⑱ 벽돌

■He lives in a <u>brick</u> house.
그는 벽돌집에서 살고 있다.
lay bricks 벽돌을 쌓다

★ trick
[trik]
㈌plot 음모

⑱ 계략, 장난, 속임수

■Jim like to play <u>tricks</u>.
짐은 장난치는 것을 좋아한다.
trick of fortune 운명의 장난

stick
[stik]
㈌stake 말뚝

⑱ 막대기, 지팡이
⑧ 찌르다

■He struck the dog with a <u>stick</u>.
그는 개를 막대기로 때렸다.

11일

12일

13일

14일

15일

16일

17일

18일

19일

20일

공통어미 〈id〉로 구성되는 단어

★ **rid**
[rid]
图 제거하다

■ We must get <u>rid</u> of snow.
우리는 눈을 치워야 한다.

★ **liquid**
[líkwid]
명 액체

■ Milk is a <u>liquid</u>.
우유는 액체이다.

★ **solid**
[sálid]
형 고체의, 단단한
凹 fluid, liquid 유동체(의)

■ This box is made of <u>solid</u> wood.
이 상자는 딱딱한 나무로 만들어졌다.
a solid body 고체

★ **rapid**
[rǽpid]
형 빠른, 신속한
㈜ quick, swift 빠른 凹 slow 느린

■ He is in <u>rapid</u> growth now.
그는 현재 빠른 성장을 하고 있다.

stupid
[stjú:pid]
형 어리석은
㈜ dull 우둔한

■ This is a <u>stupid</u> question.
이것은 어리석은 질문이다.

공통어미 〈ide〉로 구성되는 단어

hide
[haid]
图 숨다, 숨기다
凹 seek 찾다

■ He <u>hid</u> the money under the bed.
그는 침대 밑에 그 돈을 숨겼다.
hide-and-seek 숨바꼭질

ride
[raid]
图 타다, 타고 가다

■ He is learning how to <u>ride</u>.
그는 승마를 배우고 있다.
ride a bicycle 자전거를 타다

side
[said]
명 쪽, 측면, 편, 옆구리
㈜ margin 가장자리

■ I'm on your <u>side</u>.
나는 네 편이야.
the river side 강가

tide
[taid]
명 조수, 간만, 때
㊠time 때

■ Time and <u>tide</u> wait for no man.
세월은 사람을 기다리지 않는다.
the falling [flowing] tide 썰물[밀물]

wide
[waid]
형 넓은
부 널리
㊠broad 넓은 ㊤narrow 좁은

■ The street is ten meters <u>wide</u>.
그 거리는 폭이 10미터이다.
a wide river 넓은 강

guide
[gaid]
명 안내자
동 안내하다
㊤misguide 잘못 지도하다

■ Our <u>guide</u> showed us many famous places.
우리 가이드는 유명한 곳을 많이 보여 주었다.
employ a guide 가이드를 채용하다

bride
[braid]
명 신부

■ My sister will be the <u>bride</u> next spring.
내 누이는 내년 봄에 신부가 된다.
bride-groom 신랑

pride
[praid]
명 자랑, 자존심
㊤modesty 겸손

■ Her child is her <u>pride</u>.
그녀의 아이는 그녀의 자랑거리이다.
great pride 큰 자랑거리

slide
[slaid]
동 미끄러지다
to move smoothly

■ The boys are <u>sliding</u> on ice.
소년들은 얼음 위에서 미끄럼을 타고 있다.

decide
[disáid]
동 결정하다, 결심하다
㊠determine 결정하다 ㊤decision 결정

■ We <u>decided</u> to help the poor.
우리는 가난한 사람을 돕기로 결정했다.

beside
[bisáid]
전 ~의 옆에, 곁에
next to

■ The dog sat <u>beside</u> me.
그 개는 내 옆에 앉아 있었다.

inside
[insáid]
명 안쪽, 내부
형 내부의 부 안쪽에, 내부에
in 안+side 쪽

■ I want to see the <u>inside</u> of the building.
나는 그 건물의 내부를 보고 싶다.

outside
[àutsáid]
명 바깥쪽, 외부
형 외부의 부 밖에, 외부에
out 바깥+side 쪽

■ Let's go <u>outside</u>.
밖으로 나가자.
the outside world 외부 세계

divide
[diváid]
동 나누다
di 따로+vide 나누다 ㊠share 나누다

■ He <u>divided</u> the cake into three pieces.
그는 케이크를 세 조각으로 나누었다.

★ **provide**
[prəváid]
pro 앞을+vide 보다

통 준비하다, 공급하다

■ Mother <u>provided</u> a meal.
어머니는 식사를 준비하셨다.

provide for the future
미래를 대비하다

11일

공통어미 〈ie〉로 구성되는 단어

12일

die
[dɑi]
반 live 살다

통 죽다, 시들다

■ He <u>died</u> young.
그는 젊어서 죽었다.

die of sickness 병으로 죽다

13일

lie
[lɑi]
to tell a lie

명 거짓말
통 거짓말하다

■ Don't tell <u>lies</u>.
거짓말하지 마라.

14일

pie
[pɑi]

명 파이

■ I want to have some more <u>pie</u>.
나는 파이를 좀 더 먹고 싶다.

15일

tie
[tɑi]
반 untie 풀다

통 묶다, 매다

■ He <u>tied</u> his dog to the tree.
그는 자기 개를 나무에 묶었다.

16일

★ **untie**
[ʌntái]
유 free 해방하다

통 풀다, 매듭을 풀다

■ The children <u>untied</u> the parcel.
아이들이 소포를 풀었다.

untie a kmot 매듭을 풀다

17일

공통어미 〈iece〉로 구성되는 단어

18일

niece
[ni:s]
the daughter of your brother

명 조카 딸

■ Betty is Mr. Brown's <u>niece</u>.
베티는 브라운씨의 조카이다.

19일

piece
[pi:s]
동음 peace 평화

명 조각

■ She cut an apple into four
<u>pieces</u>.
그녀는 사과를 네 조각으로 잘랐다.

a piece of cake 케이크 한 조각

20일

공통어미 〈ief/ieve〉로 구성되는 단어

* **chief**
[tʃi:f]　　　　　▼ief[i:f]
㊌head 우두머리

　명 단체의 장, 우두머리
　형 최고의, 주요한

■ Mr. Brown is the <u>chief</u> of police.
브라운씨는 경찰서장이다.
the chief rivers 주요 강들

thief
[θi:f]
㊌burglar 강도

　명 도둑

■ The <u>thief</u> was caught at once.
도둑은 곧 잡혔다.
a car thief 자동차 도둑

* **brief**
[bri:f]
㊌short 간단한

　형 간결한, 짧은

■ I wrote him a <u>brief</u> letter.
나는 그에게 짧은 편지를 썼다.
a brief report 간결한 보고
briefcase 서류가방

** **grief**
[gri:f]
㊌sorrow 슬픔

　명 슬픔, 비통

■ His parents <u>grief</u> was deep.
그의 부모의 슬픔은 컸다.
hopeless grief 절망적인 슬픔

** **belief**
[bilí:f]
㊌faith 신앙　㊌believe 믿다

　명 믿음, 신앙, 신뢰

■ He showed his <u>belief</u> in the doctor.
그는 의사에 대해 신뢰를 보였다.

** **relief**
[rilí:f]
㊌comfort 위로

　명 구제, 구원, 안도

■ He gave a sigh of <u>relief</u>.
그는 안도의 한숨을 쉬었다.
a relief fund 구제 기금

* **handkerchief**
[hǽŋkərtʃif]
a piece of cloth used for wiping

　명 손수건

■ She waved her <u>handkerchief</u> at me.
그녀는 나에게 손수건을 흔들었다.

** **achieve**
[ətʃí:v]　　　　　▼ieve[i:v]
㊌attain 달성하다

　동 달성하다

■ He has <u>achieved</u> his goals.
그는 목적을 달성했다.
achieve vicotry 승리를 거두다

* **believe**
[bilí:v]
㊌trust 믿다　㊌belief 신앙

　동 믿다

■ I <u>believe</u> in God.
나는 하나님을 믿는다.
believe it or not
믿지 않겠지만, 믿거나 말거나

** **relieve**
[rilí:v]

　동 완화시키다

■ This drug will <u>relieve</u> headaches.
이 약은 두통을 덜어줄 것이다.

Exercise

step1 영어를 우리말로, 우리말을 영어로 바꾸시오.

1 intend _____

2 tense _____

3 scent _____

4 sincere _____

5 deserve _____

6 reserve _____

7 protest _____

8 renew _____

9 trick _____

10 relieve _____

11 섞다, 섞이다 _____

12 의존하다, ~에 달려있다 _____

13 명랑한, 즐거운 _____

14 우울하게 하다 _____

15 내기를 걸다, 확신하다 _____

16 그러나 _____

17 꿰메다, 깁다 _____

18 고체의, 단단한 _____

19 풀다, 매듭을 풀다 _____

20 슬픔, 비통 _____

step2 우리 말과 같은 뜻이 되도록 빈칸을 채우시오.

1 너무 많은 걱정은 당신의 건강에 안 좋다.

Too much _____ is not good for your health.

2 그의 현명한 충고 덕에 내가 해낼 수 있었다.

I could make it by his wise _____.

3 어느 것부터 먼저 공부해야 할지 결정하기 쉽지 않다.

It is hard to _____ which one to study first.

4 우리는 목표를 달성하기 위해 업무 시간을 늘려야 한다.

We need to _____ the working time to reach the goal.

5 당신은 떨어지지 않도록 조심해야 할 것이다.

You will have to be careful _____ you fall down.

---

step1　1 ~할 작정이다　2 팽팽한, 긴장한　3 향기　4 진실한, 성실한　5 ~을 받을 만하다　6 예약하다　7 항의하다, 이의를 제기하다, 주장하다
　　　 8 새롭게 하다　9 계략, 장난, 속임수　10 완화시키다　11 blend　12 depend　13 merry　14 depress　15 bet　16 however
　　　 17 sew　18 solid　19 untie　20 grief
step2　1 concern　2 advice　3 decide　4 extend　5 lest

105

step3 다음 문장의 문맥에 맞게 알맞은 단어를 고르시오.

1. Korea was in (rapid/stupid) economic growth in the past.

2. What is the (content/contest) of that book? It seems very interesting.

3. Students are showing lots of (practice/progress) in grade.

4. Scientists keep (observing/reserving) the stars close to us.

5. I visit my hometown only (wide/twice) a year.

6. I need to (convert/insert) mp3 file to wmv.

7. He (pretends/tends) to be sick to skip the school.

8. While we are eating dinner, we wonder what's for (desert/dessert).

9. You must take the safety (advice/device) to (prevent/invent) any accidents.

10. I have the (believe/belief) that god will (blend/bless) us all.

step4 다음의 〈보기〉중에서 각 문장의 빈칸에 알맞은 것을 고르시오.

┌─ 보기 ──────────────────────────┐

suggest   intend   express   provide   achieve

└──────────────────────────────────┘

1. It is not easy to _____ your thought in foreign language.

2. They _____ to get A+ in this class.

3. To _____ what you want, you should make clear plans.

4. Trees in the forest _____ the things that we need.

5. You need to _____ something first to make the deal.

---

step3 1 rapid 2 content 3 progress 4 observing 5 twice 6 convert 7 pretend 8 dessert 9 device, prevent 10 belief, bless
step4 1 express 2 intend 3 achieve 4 provide 5 suggest

21일
22일
23일
24일
25일
26일
27일
28일
29일
30일

공통어미 〈ife〉로 구성되는 단어

life
[laif]
® death 죽음

® 생활, 인생,
생명, 일생

■He gave his <u>life</u> to education.
그는 교육에 일생을 바쳤다.
a happy life 행복한 생활

wife
[waif]
® husband 남편

® 아내, 부인

■She is my <u>wife</u>.
그녀는 내 아내입니다.
house wife 주부

knife
[naif] ▼k[묵음]
a tool used for cutting

® 손칼, 나이프

■I have a sharp <u>knife</u>.
나는 날이 예리한 칼을 가지고 있다.
knife and fork 식탁용 나이프와 포크

★★ **strife**
[straif]
® fight 싸움

® 다툼, 싸움

■It is wrong to make <u>strife</u>.
다투는 것은 나쁜 일이다.
cause strife 싸움을 일으키다

공통어미 〈ift〉로 구성되는 단어

gift
[gift]
® present 선물

® 선물, 타고난 재능

■He has a <u>gift</u> for painting.
그는 그림에 재능이 있다.
a gift shop 선물가게

★ **lift**
[lift]
® raise up 들어 올리다

® 들어올리다

■He <u>lifted</u> the box.
그는 상자를 들어올렸다.
lift a package 짐을 들어올리다

★ **shift**
[ʃift]
® change 바꾸다

® 바꾸다, 변경하다

■He often <u>shifts</u> jobs.
그는 자주 직업을 바꾼다.

★ **drift**
[drift]
® float 뜨다

® 표류하다

■The ship was <u>drifting</u>.
그 배는 표류하고 있었다.
a drifting ship 표류하는 배

공통어미 〈ig〉로 구성되는 단어

big
[big]
- 형 큰, 중대한
- 반 little, small 작은

■ The sun is <u>bigger</u> than the earth.
태양이 지구보다 더 크다.

a big event 중대한 사건

★ **dig**
[dig]
- 동 파다
- 반 bury 묻다

■ They were <u>digging</u> for gold.
그들은 금을 찾기 위해 땅을 파고 있었다.

dig a hole 구멍을 파다

★ **fig**
[fig]
- 명 무화과
- fruit full of small seeds

■ <u>Fig</u> has small seeds.
무화과는 작은 씨를 가지고 있다.

pig
[pig]
- 명 돼지
- a farm animal kept for its meat

■ I dreamed of <u>pigs</u> last night.
나는 어젯밤에 돼지 꿈을 꾸었다.

keep pigs 돼지를 치다

공통어미 〈ight〉로 구성되는 단어

fight
[fait]
- 동 싸우다
- 명 싸움, 전투
- 유 combat 전투

■ We must <u>fight</u> for liberty.
우리는 자유를 위해 싸워야만 한다.

the fight against disease 투병

light
[lait]
- 명 빛, 등불 동 불을 켜다
- 명 맑은, 가벼운
- 반 darkness 어둠
- 반 heavy 무거운

■ The sun gives us heat and <u>light</u>.
태양은 우리에게 열과 빛을 준다.
■ This box is very <u>light</u>.
이 상자는 매우 가볍다.

★ **flight**
[flait]
- 명 비행
- 유 flying 날기, 비행

■ John took <u>flight</u> 102 to Japan.
존은 102기편으로 일본에 갔다.

direct flight 직행 항공편

★ **slight**
[slait]
- 형 약간의, 작은
- small or not important

■ I have a <u>slight</u> headache.
나는 가벼운 두통이 있다.

a slight difference 사소한 차이

★ **might**
[mait]
- 명 힘, 세력
- 유 power 힘 패 mighty 힘 센, 강력한

■ Work with all your <u>might</u>.
전력을 다해 일해라.

a mighty nation 강대국

night
[nait]
⑲ 밤
만 day 낮

- Look at the sky at <u>night</u>.
  밤에 하늘을 보아라.
  a night school 야간학교

21일

★ **knight**
[nait] ▼k[묵음]
⑲ (중세의) 기사
동음 night 밤

- <u>Knights</u> in the middle ages were very brave.
  중세의 기사는 매우 용감했다.

22일

right
[rait]
유 authority 권위
⑲ 오른쪽, 권리
형 옳은, 오른쪽의
부 오른쪽으로, 바로

- You have the <u>right</u> to vote.
  당신은 투표할 권리가 있습니다.
- Turn <u>right</u> and go straight.
  오른쪽으로 돌아 곧장 가세요.
  right now 바로 지금, 지금 당장

23일

★ **bright**
[brait]
만 dark 어두운
형 밝은, 영리한

- Tom is a <u>bright</u> boy.
  톰은 영리한 소년이다.
  the bright lights 밝은 빛

24일

★★ **fright**
[frait]
유 fear 두려움 파 frighten 놀라게 하다
⑲ 무서움, 공포

- He was trembling with <u>fright</u>.
  그는 공포에 떨고 있었다.

25일

★ **sight**
[sait]
유 scene 광경
⑲ 광경, 시력

- My father has good <u>sight</u>.
  아버지는 시력이 좋으시다.
  a beautiful sight 아름다운 경치

26일

★ **tight**
[tait]
만 slack 느슨한
형 단단한, 꼭 끼는

- These shoes are too <u>tight</u> for me.
  이 구두는 내게 꼭 낀다.
  tight jeans 꽉 끼는 청바지

27일

공통어미 〈ike〉로 구성되는 단어

bike
[baik]
유 bicycle 자전거
⑲ 자전거

- We are going for a <u>bike</u> ride.
  우리는 자전거 타러 가는 길이다.
  bikepath 자전거 도로

28일

hike
[haik]
유 walk 산책
⑲ 하이킹, 도보여행
동 하이킹하다

- It is a perfect day for <u>hiking</u>.
  하이킹하기에 아주 좋은 날이다.
  go on a hike 하이킹 가다

29일

like
[laik]
만 hate 싫어하다
동 좋아하다, 마음에 들다

- I <u>like</u> to play baseball.
  나는 야구하는 것을 좋아한다.

30일

★ **alike**
[əláik]

형 비슷한, 같은

■ Three sisters look very much <u>alike</u>.
세 자매는 매우 닮았다.

★ **dislike**
[disláik]
　dis=not

동 싫어하다, 혐오하다

■ I <u>dislike</u> people I can't trust.
나는 내가 신뢰할 수 없는 사람을 싫어한다.

★ **strike**
[straik]
　유 hit 때리다

동 치다, 때리다

■ The clock is <u>striking</u> eleven.
시계가 11시를 치고 있다.

공통어미 〈ild〉로 구성되는 단어

★ **mild**
[maild]　　▼ild[aild]
　반 wild 거친

형 온화한, 부드러운

■ The climate of Korea is <u>mild</u>.
한국의 기후는 온화하다.
a mild climate 온화한 기후

wild
[waild]
　유 furious 난폭한

형 야생의, 난폭한

■ The tiger is a <u>wild</u> animal.
호랑이는 야생 동물이다.
a wild rose 야생 장미

child
[tʃaild]
　a young boy or girl
　파 childhood 어린시절

명 아이, 어린이

■ They treat him as a <u>child</u>.
그들은 그를 어린애 취급한다.
children child의 복수형

build
[bild]　　▼ild[ild]
　반 destroy 파괴하다

동 세우다, 건축하다

■ The birds are <u>building</u> their nests.
새들은 둥지를 짓고 있다.

★ **rebuild**
[riːbíld]
　re 다시+build 짓다

동 재건하다

■ <u>Rebuild</u> means to build again.
'rebuild'는 다시 짓는 것을 말한다.

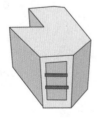

공통어미 〈ile〉로 구성되는 단어

file
[fail]
a folder for keeping papers

명 파일, 서류철
동 (문서 등을) 철하다

■ Please <u>file</u> this letters in order.
이 편지들을 순서대로 철하세요.
a backup file 여벌 파일, 백업 파일

mile
[mail]
a measure of distance

명 마일 길이의 단위

■ The station is a <u>mile</u> ahead.
역은 1마일 앞에 있다.
for miles 수마일

smile
[smail]
⑧ laugh 웃다

명 미소
동 미소짓다

■ The baby is <u>smiling</u>.
아기가 미소짓고 있다.
a gentle smile 부드러운 미소

★ **pile**
[pail]
⑧ heap 퇴적

명 더미
동 쌓아올리다

■ He <u>piled</u> up books on the desk.
그는 책을 책상 위에 쌓아올렸다.
the trash pile 쓰레기더미

tile
[tail]
a flat piece of baked clay

명 타일, 기와

■ The roof is covered with red <u>tiles</u>.
그 지붕은 붉은 기와로 덮여있다.

while
[hwail]

접 ~하는 동안
명 동안, 잠깐

■ Watch this bag <u>while</u> I am away.
내가 없는 동안 이 가방을 봐주세요.
for a while 잠깐, 잠시 동안

공통어미 〈ilk〉로 구성되는 단어

milk
[milk]
a white liquid produced by a cow

명 우유

■ I have a glass of <u>milk</u> everyday.
나는 매일 한 잔의 우유를 마신다.
mother's milk 모유

silk
[silk]
fine cloth made from fibers

명 비단

■ She is dressed in <u>silks</u>.
그녀는 비단 옷을 입고 있다.
silkworm 누에

21일
22일
23일
24일
25일
26일
27일
28일
29일
30일

공통어미 〈ill〉로 구성되는 단어

★ ill
[il]
④ well 건강한 ⑪ illness 질병

⑧ 병든,
나쁜, 부덕한

■ She is <u>ill</u> in bed.
그녀는 아파서 자리에 누워있다.
ill feelings 나쁜 감정

bill
[bil]
④ note 지폐

⑲ 계산서, 청구서

■ Give me the <u>bill</u>, please.
계산서를 주십시오.
the water bill 수도요금 청구서

fill
[fil]
④ occupy 점유하다

⑧ 가득 채우다

■ Her room was <u>filled</u> with dolls.
그녀의 방은 인형으로 가득하였다.
be filled with ~로 가득차다

hill
[hil]
④ mount 산

⑲ 작은 산, 언덕

■ He ran up the <u>hill</u>.
그는 언덕을 달려서 올라갔다.
hilltop 언덕 꼭대기

kill
[kil]
④ save 목숨을 구하다

⑧ 죽이다

■ The cat <u>killed</u> a mouse.
고양이가 쥐를 잡아먹었다.
kill oneself 자살하다

★ mill
[mil]

⑲ 정미소, 방앗간

■ He took the wheat to the <u>mill</u>.
그는 밀을 제분소에 가지고 갔다.
a flour mill 제분소

till
[til]
④ until ~까지

㉑ ~까지

■ I will stay here <u>till</u> next Sunday.
나는 다음 일요일까지 이곳에 머무를 것이다.
till dawn 새벽까지

will
[wil]
④ determination 결심

㉚ ~할 것이다미래
⑲ 의지

■ She <u>will</u> come here soon.
그녀는 곧 여기에 올 것이다.
a strong will 강한 의지

★ drill
[dril]
④ exercise 연습

⑲ 훈련, 연습, 송곳

■ The children had lots of
English <u>drills</u>.
아이들이 영어 연습을 많이 하였다.
fire drill 소방 훈련

★ thrill
[θril]
④ excitement 흥분

⑲ 스릴, 전율

■ The movie was full of <u>thrills</u>.
그 영화는 스릴이 넘쳤다.

★ **skill**
[skil]
　㉴ability 능력

명 솜씨, 숙련, 기능, 기술

■This work needs much <u>skill</u>.
이 일은 많은 숙련을 필요로 한다.
reading skills 독해력

21일

★ **spill**
[spil]
　㉴pour 붓다

동 흘리다, 엎지르다

■The baby <u>spilled</u> his milk.
아이가 우유를 흘렸다.
spillover 넘쳐흐르다

22일

still
[stil]
　㉴quiet 고요한

형 조용한
부 아직도, 여전히

■It's <u>still</u> cold in March.
3월에도 여전히 춥다.
stand still 가만히 서 있다

23일

공통어미 〈imb〉으로 구성되는 단어

24일

★ **limb**
[lim]　▼imb[im]
a leg or an arm

명 팔다리, 사지

■The tall boy had long <u>limbs</u>.
그 키 큰 소년은 긴 팔다리를 가졌다.
large of limb 팔다리가 큰

climb
[klaim]　▼imb[aim]
to go up

동 기어오르다

■The monkey <u>climbed</u> the tree.
원숭이가 나무에 기어 올라갔다.
climb up a mountain 산을 오르다

25일

26일

공통어미 〈ime〉으로 구성되는 단어

27일

★ **crime**
[kraim]
　㉴sin 도덕상의 죄

명 죄

■He was punished for his <u>crime</u>.
그는 자기가 지은 죄 때문에 벌을 받았다.
commit a crime 죄를 범하다

★ **prime**
[praim]
　㉴chief 주요한　㉳primary 초기의

형 최초의, 가장 중요한

■His <u>prime</u> object was to see the king.
그의 첫째 목적은 국왕을 만나는 것이었다.
prime minister 국무총리

28일

29일

time
[taim]
　㉴period 기간

명 때, 시간

■It is <u>time</u> to go to bed now.
이제 자야 할 시간이다.
modern time 현대

sometime
[sʌ́mtàim]
　㉳sometimes 때때로

부 언젠가

■Come and see me <u>sometime</u>.
언젠가 저를 찾아 주세요.

30일

공통어미 〈in〉으로 구성되는 단어

pin
[pin]

몡 핀

■ There are hair <u>pins</u> on the table.
탁자 위에 머리핀이 있다.
safety pin 안전핀

★ **sin**
[sin]
㈜crime 죄 ㈜sinner 죄인

몡 (도덕상의) 죄

■ It is a <u>sin</u> to tell a lie.
거짓말을 하는 것은 죄이다.

tin
[tin]

몡 주석

■ This kettle is made of <u>tin</u>.
이 주전자는 주석으로 만들었다.

win
[win]
㈜lose 패하다 ㈜winner 승리자

동 이기다

■ Our team <u>won</u> the game.
우리 팀이 그 시합에서 이겼다.

★ **thin**
[θin]
㈜thick 두꺼운

형 가는, 얇은

■ She has <u>thin</u> fingers.
그녀는 손가락이 가늘다.
thin ice 얇은 얼음

skin
[skin]
s + kin 혈족

몡 피부

■ He had a brown <u>skin</u>.
그는 갈색 피부를 가졌다.
a black skin 흑색 피부

★ **spin**
[spin]
㈜turn 돌리다

동 실을 잣다, 팽이를 돌리다

■ The boy is <u>spinning</u> a top.
그 소년은 팽이를 돌리고 있다.
spin a coin 동전을 던져 올리다

twin
[twin]

몡 쌍둥이

■ Tom and Jack are <u>twins</u>.
톰과 잭은 쌍둥이이다.

begin
[bigín]
㈜finish 끝내다

동 시작하다

■ School <u>begins</u> at nine.
학교는 9시에 시작한다.
begin studying 공부를 시작하다

★ **margin**
[máːrdʒin]
㈜edge 가장자리

몡 가장자리, 여백

■ Don't write in the <u>margin</u>.
여백에 기입하지 마십시오.

dolphin
[dálfin]

몡 돌고래

■ They are watching a <u>dolphin</u>
show. 그들은 돌고래 쇼를 보고 있다.

21일

22일

23일

24일

25일

26일

27일

28일

29일

30일

공통어미 〈ince〉로 구성되는 단어

★ **since**
[sins]
㊤ because ~때문에

전 ~이래, ~이므로

■ It has been five years <u>since</u> I saw you.
당신을 만난지 5년이 됩니다.

prince
[prins]
파 princess 공주

명 왕자

■ <u>Prince</u> is the son of a king.
왕자는 왕의 아들이다.

★ **province**
[právins]

명 도(道), 주(州), 지방, 시골

■ Canada is divided into <u>provinces</u>.
캐나다는 주로 나뉘어져 있다.

공통어미 〈ind〉로 구성되는 단어

bind
[baind]   ▾ind[aind]
반 loose 풀다

동 묶다, 얽어매다

■ <u>Bind</u> the dog to the tree.
그 개를 나무에 묶어 두어라.
bind the box 상자를 묶다

find
[faind]
㊤ discover 발견하다

동 발견하다, 찾다

■ I can't <u>find</u> my boots.
나는 내 부츠를 찾을 수가 없다.

kind
[kaind]
반 cruel 잔인한

형 친절한
명 종류

■ She is a very <u>kind</u> woman.
그녀는 매우 친절한 부인이다.
all kinds of 온갖 종류의, 다수[다량]의

★ **mankind**
[mǽnkáind]

명 인류

■ All <u>mankind</u> are seeking happiness.
온 인류는 행복을 추구하고 있다.

mind
[maind]
반 body 육체

명 마음, 생각
동 걱정하다

■ I can read your <u>mind</u>.
나는 너의 생각을 읽을 수 있다.
a state of mind 정신 상태

115

★ **remind**
[rimáind]
re 다시+mind 마음에 두다

됭 ~을 생각나게 하다

■ He <u>reminds</u> me of his brother.
그를 보면 그의 형이 생각난다.

★ **wind**
[waind]
유turn 돌리다

됭 감다

■ He <u>winds</u> clock once a week.
그는 일주일에 한 번 시계의 태엽을 감는다.
windup 감아 올리는 일, (야구)와인드업

★ **blind**
[blaind]
not able to see

혱 눈 먼

■ He loved a <u>blind</u> girl.
그는 눈 먼 소녀를 사랑했다.
a blind man 맹인

★ **grind**
[graind]
to crush into a powder

됭 밑을 빻다, 칼을 갈다

■ I must <u>grind</u> this ax.
나는 이 도끼를 갈아야 한다.
grind wheat 밀을 빻다

behind
[biháind]
뺸before 앞에

젼 ~의 뒤에
뮌 뒤에

■ Let's hide <u>behind</u> the wall.
벽 뒤에 숨자.
behind the house 집 뒤에

wind
[wind]   ▼ind[ind]
moving air

몡 바람

■ The <u>wind</u> is blowing hard.
바람이 몹시 불고 있다.
a fair wind 순풍

공통어미 〈ine〉으로 구성되는 단어

★ **dine**
[dain]   ▼ine[ain]
to have dinner

됭 정찬[만찬]을 들다
식사하다

■ Will you <u>dine</u> with me?
저와 함께 식사를 하시겠습니까?

fine
[fain]
유nice 훌륭한

혱 좋은, 훌륭한, 맑은

■ It is <u>fine</u> (weather).
좋은 날씨이다.
fine clothes 좋은 옷

line
[lain]
a long thin mark

몡 선, 줄

■ Stand in a <u>line</u>.
일렬로 서라.
a straight line 직선

mine
[main]
a thing belonging to me
퐈miner 광부

댸 나의 것
몡 광산, 지뢰

■ That big doll is <u>mine</u>.
저 큰 인형은 내 것이다.
gold mine 금 광산

wine
[wɑin]
   an alcoholic drink

명 포도주

■ <u>Wine</u> is made from grapes.
포도주는 포도로 만든다.
red wine 붉은 포도주

shine
[ʃɑin]
   to be bright

통 빛나다

■ The sun is <u>shining</u>.
태양이 빛나고 있다.
shining stars 빛나는 별

★ combine
[kəmbáin]
   com 함께+bine 묶다

통 결합하다, 연합하다

■ <u>Combine</u> the next two sentences.
다음의 두 문장을 결합하여라.

★★ define
[difáin]
   de ～로부터+fine 한계를 정하다
   ⑪confine 한정하다

통 한정하다, 정의하다

■ This word is <u>defined</u> in the dictionary.
이 낱말은 사전에 정의되어 있다.

★ determine
[ditə́ːrmin]   ▼ine[in]
   ⑪decide 결정하다

통 결심하다, 결정하다

■ Demand <u>determined</u> the price.
수요는 가격을 결정한다.

★ examine
[igzǽmin]
   ⑪investicate 조사하다   파examination 시험

통 조사하다, 시험하다, 진찰하다

■ The dictor was <u>examining</u> his grandmother.
의사는 그의 할머니를 진찰하고 있었다.

engine
[éndʒin]
   파engineering 공학

명 엔진, 기관(차)

■ The <u>engine</u> failed suddenly.
갑자기 엔진이 꺼졌다.

★ imagine
[imǽdʒin]
   파imagination 상상력

통 상상하다

■ Can you <u>imagine</u> such a thing?
그러한 일을 상상할 수 있어요?

machine
[məʃín]

명 기계

■ This washing <u>machine</u> does not work well.
이 세탁기는 제대로 작동하지 않는다.

magazine
[mǽgəzíːn]

명 잡지

■ Do you get any sports <u>magazines</u>?
당신은 스포츠 잡지를 구독합니까?
a weekly[monthly] magazine
주간[월간] 잡지

21일
22일
23일
24일
25일
26일
27일
28일
29일
30일

공통어미 〈ing〉으로 구성되는 단어

king
[kiŋ]
반 queen 여왕
파 kingdom 왕국

명 왕, 국왕

■The lion is the <u>king</u> of beasts.
사자는 백수의 왕이다.
king of kings 왕중왕

ring
[riŋ]
유 circle 원

명 반지, 원
동 울리다

■She wears a diamond <u>ring</u>.
그녀는 다이아몬드 반지를 끼고 있다.
a wedding ring 결혼반지

sing
[siŋ]
to make musical sounds with voice
파 singer 가수

동 노래하다, 지저귀다

■Many birds are <u>singing</u> in the trees.
많은 새들이 나무에서 지저귀고 있다.

wing
[wiŋ]

명 날개

■The bird spread its <u>wings</u>.
그 새는 날개를 펼쳤다.
the wings of an airplane 비행기 날개

thing
[θiŋ]
any object that is not living

명 물건, 사물, 것

■A strange <u>thing</u> happened last night.
지난밤에 이상한 일이 일어났다.

bring
[briŋ]
반 take 가져가다

동 가져오다, 데려오다

■Please <u>bring</u> your sister with you.
당신 누이를 데리고 오세요.

spring
[spriŋ]
유 jump 뛰다

명 봄, 용수철, 샘
동 뛰다

■<u>Spring</u> has come.
봄이 왔다.
spring rain 봄비

★ **string**
[striŋ]
유 band 끈

명 끈, 줄, 현

■Violin has four <u>strings</u>.
바이올린은 네 개의 줄을 가지고 있다.

swing
[swiŋ]
유 sway 흔들다

명 그네, 진동
동 흔들다, 그네 타다

■Jane likes to <u>swing</u>.
제인은 그네 타기를 좋아한다.
swing bat 배트를 휘두르다

evening
[íːvniŋ]

명 저녁, 밤

■Please come this <u>evening</u>.
오늘 저녁에 오십시오.
evening paper 석간신문

morning
[mɔ́ːrniŋ]
before noon

명 아침, 오전

■I get up at six every <u>morning</u>.
나는 매일 아침 6시에 일어난다.
the early morning 이른 아침

★ **anything**
[éniθiŋ]
any+thing

대 무엇인가, 아무것도

■I can't see <u>anything</u>.
나는 아무것도 안 보인다.

★ **everything**
[évriθiŋ]
every+thing

대 무엇이든, 모든, 만사

■Tell me <u>everything</u>.
나에게 모두 말하세요.

★ **nothing**
[nʌ́θiŋ]
no+thing

대 아무것도 ~ 않다

■There is <u>nothing</u> in the box.
상자 속에는 아무 것도 없다.

★ **something**
[sʌ́mθiŋ]
some+thing

대 어떤 것, 무엇인가

■I want <u>something</u> to eat.
나는 먹을 것을 원한다.
something to drink 마실 것

21일
22일
23일
24일
25일
26일
27일
28일
29일
30일

119

공통어미 〈ink〉로 구성되는 단어

ink
[iŋk]
colored liquid used for writing

명 잉크

■This <u>ink</u> spreads on the paper.
이 잉크는 종이에 번진다.
write in ink 잉크로 쓰다

pink
[piŋk]

명 분홍색
형 분홍의

■She is dressed in <u>pink</u>.
그녀는 핑크색 옷을 입고 있다.

sink
[siŋk]

동 가라앉다

■The boat is <u>sinking</u>.
보트가 가라앉고 있다.
sink under water 물에 잠기다

wink
[wiŋk]

동 윙크하다

■The girl <u>winked</u> at him.
그 소녀는 그에게 윙크했다.

think
[θiŋk]

동 생각하다

■I am <u>thinking</u> about my future.
나는 내 장래에 대하여 생각하고 있다.
think over 곰곰이 생각하다, 숙고하다

drink
[driŋk]
to swallow a liquid

동 마시다

■They are <u>drinking</u> coffee.
그들은 커피를 마시고 있다.
drink water 물을 마시다

★ shrink
[ʃriŋk]
반 expand 넓히다

동 줄어들다, 줄다
겁내다

■I don't <u>shrink</u> from danger.
나는 위험을 겁내지 않는다.

공통어미 〈ion〉으로 구성되는 단어

★ region
[ríːdʒən]
reg=rule 통치하다

명 지방, 지역

■Bears live in Arctic <u>region</u>.
곰은 북극 지방에 산다.
Antarctic region 남극 지방

120

★ **occasion**
[əkéidʒən]
　occas=case 경우

명 경우, 때

■On the <u>occasion</u> he was not at home.
　그때 그는 집에 없었다.

21일

★ **version**
[vɜ́ːrʒən]
　vers=turn

명 번역, 견해, 개작판, 버전

■I have different <u>versions</u>.
　나는 다른 소견들을 가지고 있다.
a film version 영화화된 것[영화판]

22일

★ **vision**
[víʒən]
　vis 보는+ion 것

명 시력, 미래상, 비전

■His <u>vision</u> became weaker.
　그의 시력은 약화되었다.
the field of vision 시야

23일

★ **condition**
[kəndíʃən]
　condit=state 상태

명 상태, 건강 상태, 상황, 조건

■He agreed with that <u>condition</u>.
　그는 그 조건에 동의했다.

24일

★ **mention**
[ménʃən]
　ment 생각나게+ion 하다

동 언급하다

■Don't <u>mention</u> my name.
　내 이름을 언급하지 마세요.

motion
[móuʃən]
　mot 움직이는+ion 것

명 동작, 몸짓, 움직임

■All her <u>motions</u> are graceful.
　그녀의 모든 몸짓이 우아하다.
a motion picture 영화

25일

★ **nation**
[néiʃən]
　nat 태어난+ion 곳
　파national 국가의

명 국가, 국민, 민족

■Korea is a democratic <u>nation</u>.
　한국은 민주국가이다.
allied nations 동맹국

26일

station
[stéiʃən]
　stat 멈춰서는+ion 곳

명 역, 정거장

■This train stops at every <u>station</u>.
　이 열차는 모든 역마다 정차한다.
a railroad station 철도역

27일

★ **portion**
[pɔ́ːrʃən]
　port 부분이 되는+ion 것

명 부분
동 분배하다

■She took a large <u>portion</u> of cake.
　그녀는 케이크의 큰 조각을 집었다.
a portion of land 땅의 한 구획

28일

position
[pəzíʃən]
　posit=place 장소, 놓다

명 위치, 지위, 자세

■Can you find our <u>position</u> on this map?
　이 지도에서 우리의 위치를 찾을 수 있나요?
good position 좋은 위치

29일

30일

공통어미 〈ip〉로 구성되는 단어

★ **dip**
[dip]
㈜soak 담그다

图담그다, 적시다

■He <u>dipped</u> a brush into paint.
그는 붓을 페인트에 담갔다.

hip
[hip]

圐엉덩이

■He has wide <u>hips</u>.
그는 엉덩이가 넓다.
hip pocket 뒷주머니

lip
[lip]
one of the edges of the mouth

圐입술

■Her tight <u>lips</u> showed resolution.
그녀의 꼭 담은 입술은 결의를 보여주었다.

tip
[tip]

圐(뽀족한) 끝, (작은) 조언
팁, 봉사료

■Here is a <u>tip</u> for you.
팁 여기 있습니다.
the tip of pencil 연필 끝

ship
[ʃip]
a large boat

圐배

■We went to Pusan by <u>ship</u>.
우리는 배를 타고 부산에 갔다.

★ **whip**
[hwip]

圐채찍

■Tom was bitten with a <u>whip</u>.
톰은 채찍으로 얻어맞았다.

★ **skip**
[skip]

图뛰어넘다, 거르다, 건너뛰다

■He <u>skipped</u> over a low fence.
그는 낮은 울타리를 뛰어넘었다.

slip
[slip]
㈜slide 미끄러지다

图미끄러지다

■He <u>slipped</u> on the ice.
그는 얼음 위에서 미끄러졌다.

★ **drip**
[drip]
㈜drop 떨어지다

图똑똑 떨어지다

■Water is <u>dripping</u> from the tap.
수도꼭지에서 물이 똑똑 떨어지고 있다.

trip
[trip]
㈜journey 여행

圐여행

■She is on a <u>trip</u> now.
그녀는 지금 여행중이다.
a weekend trip 주말여행

★ **strip**
[strip]

图옷을 벗다, 벗기다

■He <u>stripped</u> off his jacket.
그는 재킷을 벗었다.

공통어미 〈ipe〉로 구성되는 단어

pipe
[pɑip] ▼ipe[ɑip]
a tube for carrying water

圐(수도의) 관, 파이프

■This is a water <u>pipe</u>.
이것은 수도관이다.
a pipe organ 파이프 오르간

21일

★ ripe
[rɑip]
㊀mature 익은

혱익은, 무르익은, 원숙한

■His daughter is <u>ripe</u> for marriage.
그의 딸은 결혼 적령기이다.
ripe fruits 잘 익은 과일

22일

★ wipe
[wɑip]
㊀polish 닦다

동닦다, 닦아내다

■I <u>wipe</u> my shoes on the mat.
나는 매트에 신발을 닦았다.
wipe the window 창문을 닦다

23일

★ stripe
[strɑip]
㊀band 끈

명줄, 줄무늬

■There are thirteen <u>stripes</u> in the American flag.
미국 성조기에는 13개의 줄이 있다.

24일

★ recipe
[résəpi] ▼ipe[əpi]

명조리법

■She knows a <u>recipe</u> for tomato soup.
그녀는 토마토 수프 조리법을 안다.

25일

26일

27일

28일

29일

30일

공통어미 〈ire〉로 구성되는 단어

fire
[faiər]
shoot a gun or weapon

명 불, 화재
통 불을 지르다, 발사하다

■ The house is on <u>fire</u>.
집이 불타고 있다.
fireman 소방대원

★ hire
[haiər]
ⓢ employ 고용하다

명 고용
통 고용하다

■ We <u>hired</u> a woman to do the housework.
우리는 집안일을 할 여자 한 명을 고용했다.

tire
[taiər]
ⓐ refresh 휴양시키다

명 타이어
통 피로하게 하다

■ I am so <u>tired</u> that I can't stand.
나는 너무 피곤해서 서 있을 수 없다.
change a tire 타이어를 교환하다

wire
[waiər]

명 철사, 전선
통 전선을 연결하다, 타전하다

■ He coiled a <u>wire</u> around a stick.
그는 막대기에 철사를 감았다.
telephone wire(s) 전화선

★★ admire
[ædmáiər]
ad ~에+mire 놀라다 ⓐ despise 멸시하다

통 감탄하다, 칭찬하다

■ We <u>admired</u> his courage.
우리는 그의 용기에 감탄했다.

★ desire
[dizáiər]

명 소망
통 바라다

■ All men <u>desire</u> happiness.
모든 사람은 행복을 원한다.

★ entire
[entáiər]

형 전체의, 전부의

■ He wrote the <u>entire</u> story.
그는 그 이야기 전부를 글로 썼다.

★ retire
[ritáiər]
re 뒤로+tire 물러나다

통 물러가다, 퇴직하다

■ He will <u>retire</u> next year.
그는 내년에 은퇴할 것이다.

★★ require
[rikwáiər]
ⓢ demand 요구하다, need 필요하다

통 요구하다, 필요로 하다

■ I <u>require</u> your help.
나는 당신의 도움이 필요합니다.

공통어미 〈irst〉로 구성되는 단어

first
[fəːrst]
형 제일의, 최초의
number one in order

■ The <u>first</u> day of the week is Sunday.
일주일의 첫날은 일요일이다.

★ **thirst**
[θəːrst]
명 갈증, 목마름
유 longing 간절한 희망　파 thirsty 목마른

■ He was <u>thirsty</u> for the news.
그는 그 소식을 갈망하고 있었다.
have a thirst 목이 마르다

공통어미 〈irt〉로 구성되는 단어

dirt
[dəːrt]
명 먼지
유 dust 먼지　파 dirty 더러운

■ His car was covered with <u>dirt</u>.
그의 차는 먼지 투성이였다.

shirt
[ʃəːrt]
명 셔츠, 와이셔츠

■ This <u>shirt</u> is too small.
이 셔츠는 너무 작다.
iron shirt 셔츠를 다리다

skirt
[skəːrt]
명 치마

■ She is wearing a <u>skirt</u>.
그녀는 치마를 입고 있다.
a short skirt 짧은 치마

공통어미 〈ise〉로 구성되는 단어

rise
[raiz]
동 오르다, 일어나다
반 fall 떨어지다

■ The sun <u>rises</u> in the east.
해는 동쪽에서 뜬다.

★ **sunrise**
[sʌ́nràiz]
명 해돋이
sun 해가+rise 뜨는 것　반 sunset 해넘이

■ I will be here at <u>sunrise</u>.
나는 해 뜰 무렵에 여기에 올 것이다.

★ **surprise**
[sərpráiz]
동 놀라게 하다

■ His sudden visit <u>surprised</u> us.
그의 갑작스러운 방문은 우리를 놀라게 했다.

21일
22일
23일
24일
25일
26일
27일
28일
29일
30일

125

wise
[wɑiz]

ⓗ현명한

ⓨclever 영리한 ⓟfoolish 멍청한

■ He is a very <u>wise</u> leader.
그는 매우 현명한 지도자이다.

a wise man 현명한 사람

---

* ## advise
[ədváiz]

ⓣ충고하다

■ The doctor <u>advised</u> me to get some rest.
의사는 나에게 휴식을 좀 취하라고 충고했다.

공통어미 〈ish〉로 구성되는 단어

dish
[diʃ]

ⓜ접시, 요리

a plate for serving food

■ What is your favorite <u>dish</u>?
네가 제일 좋아하는 요리는 뭐니?

a special dish 특별 요리

---

fish
[fiʃ]

ⓜ물고기
ⓣ낚시를 하다

a water animal with fins

■ My father like to <u>fish</u> in the sea.
나는 바다에서 낚시하기를 좋아한다.

---

wish
[wiʃ]

ⓜ소원
ⓣ원하다, 바라다

ⓨdesire 소망

■ I <u>wish</u> to become a teacher.
나는 선생님이 되고 싶다.

---

finish
[fíniʃ]

ⓣ끝내다, 끝나다

ⓨcomplete 완료하다 ⓟbegin 시작하다

■ He <u>finished</u> his homework.
그는 숙제를 끝냈다.

finish school 학업을 마치다, 졸업하다

---

* ## punish
[pʌ́niʃ]

ⓣ처벌하다

ⓟreward 보상하다 ⓟpunishment 벌, 형벌

■ I was <u>punished</u> for my mistake.
나는 내 잘못으로 벌을 받았다.

** ## establish
[istǽbliʃ]

ⓣ설립하다, 제정하다

ⓟestablishment 설립, 창립

■ They are going to <u>establish</u> a company.
그들은 회사를 설립하려고 한다.

---

* ## publish
[pʌ́bliʃ]

ⓣ출판하다, 발표하다

ⓨannounce 알리다

■ This book will be <u>published</u> soon.
이 책은 곧 출판될 것이다.

publish a paper 논문을 발표하다

** ## distinguish
[distíŋgwiʃ]

ⓣ구별[식별]하다

■ Can you <u>distinguish</u> a mouse from a rat?
너는 생쥐와 (시궁)쥐를 구별할 수 있니?

공통어미 〈ist〉로 구성되는 단어

★ **fist** 　　　　　　　 명 주먹
[fist]
　　a tightly closed hand

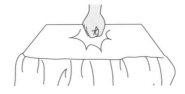

21일

■ I struck the table with my <u>fist</u>.
나는 주먹으로 테이블을 쳤다.
　shake fist 주먹을 흔들다

22일

23일

list 　　　　　　　 명 명부
[list]
　㈜ roll 명부

■ My name was not in the <u>list</u>.
나의 이름은 명부에 없었다.
　a shopping list 쇼핑리스트

24일

★ **mist** 　　　　　　　 명 안개
[mist]
　㈜ a thin fog 얇은 안개

■ The hills were hidden in the <u>mist</u>.
나지막한 산은 안개에 싸여 있었다.

25일

★ **wrist** 　　　　　　　 명 손목
[rist] 　　　　▼w[묵음]
　the joint that connects arm and hand

■ He caught Jim by the <u>wrist</u>.
그는 짐의 손목을 잡았다.
　wristwatch 손목시계

★ **assist** 　　　　　　　 동 돕다, 원조하다
[əsíst]
　ad=to ~쪽에+sist=stand 서다

26일

■ He <u>assists</u> me with money.
그는 금전적으로 나를 도와준다.

★ **consist** 　　　　　　　 동 ~로 이루어져 있다
[kənsíst]
　con=togrther 함께+sist=stand 서다

27일

■ The United States <u>consists</u>
of fifty states.
미국은 50개의 주로 이루어져 있다.

★★ **insist** 　　　　　　　 동 주장하다
[insíst]
　in 안에+sist=stand 서다

28일

■ He <u>insisted</u> on his innocence.
그는 자신의 무죄를 주장했다.

★★ **resist** 　　　　　　　 동 저항하다
[rizíst]
　re 뒤로+sist=stand 서다

■ They <u>resisted</u> the police.
그들은 경찰에 저항했다.
　resist an attack 공격에 저항하다

29일

★ **exist** 　　　　　　　 동 존재하다
[igzíst]
　ext=out 밖에+ist=sist=stand 서다

■ Do fairies <u>exist</u>?
요정은 존재할까?

30일

영어를 우리말로, 우리말을 영어로 바꾸시오.

1 drift _____

2 alike _____

3 pile _____

4 crime _____

5 dine _____

6 combine _____

7 examine _____

8 portion _____

9 require _____

10 publish _____

11 다툼, 싸움 _____

12 약간의, 작은 _____

13 조용한, 아직도, 여전히 _____

14 도(道), 주(州), 지방, 시골 _____

15 결심하다, 결정하다 _____

16 지방, 지역 _____

17 동작, 몸짓, 움직임 _____

18 조리법 _____

19 고용, 고용하다 _____

20 주장하다 _____

우리 말과 같은 뜻이 되도록 빈칸을 채우시오.

1 나는 6살 때 부터 자전거를 탈 줄 알았다.

I have been riding bike _____ I was six.

2 이 식물은 안 좋은 조건에서 자라난 것 같다.

This plant seems to be grown in bad _____ .

3 약간의 차이가 성공을 좌우한다.

A _____ difference decides the success.

4 이 서류들을 순서에 맞게 철해 주시겠습니까?

Will you please _____ these documents in order?

5 그 소식은 세계 전체를 놀라게 했다.

That news surprised the _____ world.

step3 다음 문장의 문맥에 맞게 알맞은 단어를 고르시오.

① We have to (shift/shrink) the schedule because it will rain toworrow.

② Health is the (prime/crime) thing to care in your life.

③ You must (establish/distinguish) the right and wrong things.

④ It is hard to (define/desire) what true love is.

⑤ The boss (hired/fired) him due to his special ability.

⑥ This liquid is mostly (insist/consist) of water and sugar.

⑦ Rome was a (shiny/mighty) kingdom with lots of soldiers.

⑧ Today is a (fine/shine) day to enjoy jogging and tennis.

⑨ I cannot (margin/imagine) how big our planet is.

⑩ She got a (position/portion) as a secretary to (resist/assist) the manager.

step4 다음의 〈보기〉중에서 각 문장의 빈칸에 알맞은 것을 고르시오.

┌─ 보기 ──────────────────────────────┐
│ sin   admire   mankind   establish   right │
└──────────────────────────────────────┘

① I _____ ed at your great performance and singing.

② We have the _____ to be protected by law.

③ There needs to be a lot of money to _____ a company.

④ The _____ finally accompished to reach to the moon.

⑤ Killing people is a serious _____ that cannot be forgiven.

step3 ① shift ② prime ③ distinguish ④ define ⑤ hired ⑥ consist ⑦ mighty ⑧ fine ⑨ imagine ⑩ position, assist
step4 ① admire ② right ③ establish ④ mankind ⑤ sin

공통어미 〈it〉로 구성되는 단어

bit
[bit]
㊀small piece 작은 조각

명작은 조각, 조금

■Give me a <u>bit</u> of sugar.
설탕을 조금 주십시오.
bit by bit 조금씩

★ **fit**
[fit]
㊀suitable 적합한

형건강한, 알맞은, 적합한
동맞다, 들어맞다

■He is <u>fit</u> for the job.
그는 그 일에 적임자이다.
fit for children 어린아이들에게 맞는

hit
[hit]
㊀strike 치다

동치다

■He <u>hit</u> the ball with a bat.
그는 배트로 공을 쳤다.
hit hard 세게 치다

sit
[sit]
㊃stand 일어서다

동앉다

■They are <u>sitting</u> around a table.
그들은 탁자 주위에 앉아있다.
sit down 앉다

★ **wit**
[wit]
㊀intellect 지력

명재치, 기지

■He is a man of <u>wit</u>.
그는 재치가 있는 사람이다.
a boy of wit 재치 있는 소년

★ **knit**
[nit]   ▼k[묵음]
㊀joint 접합하다

동짜다, 뜨개질하다

■She <u>knitted</u> wool into sweater.
그녀는 털실로 스웨터를 짰다.

★ **quit**
[kwit]
㊀stop 그만두다

동그만두다, 중지하다

■He <u>quit</u> his job.
그는 직장을 그만두었다.
quit smoking 담배를 끊다

exit
[égzit, éksit]

명출구

■The theater has six <u>exits</u>.
그 극장에는 출구가 여섯 개 있다.
emergency exit 비상구

habit
[hǽbit]
㊀custom 습관

명버릇, 습관

■Smoking is a bad <u>habit</u>.
흡연은 나쁜 습관이다.
change one's habits 습관을 고치다

rabbit
[rǽbit]
명 집토끼
a small mammal with long ears

He keeps a <u>rabbit</u>.
그는 토끼를 키운다.
a baby rabbit 새끼 토끼

21일

limit
[límit]
명 한계
동 제한하다
㊌bound, extent 제한, 범위

Drive the speed <u>limit</u>.
제한 속도 내에서 운전하시오.

22일

★ **spit**
[spit]
동 침을 뱉다
throw out saliva from mouth

Sometimes people <u>spit</u> on the street.
때때로 사람들은 길에 침을 뱉는다.

23일

★ **spirit**
[spírit]
명 정신, 마음, 영혼

He undrstood the <u>spirit</u> of Korea.
그는 한국의 정신을 이해하고 있었다.

24일

★★ **split**
[split]
동 찢다, 쪼개다
㋫unite 합치다

She <u>split</u> an apple into five parts.
그녀는 사과를 다섯 조각으로 쪼갰다.
split a log 통나무를 쪼개다

25일

공통어미 〈itch〉로 구성되는 단어

★★ **itch**
[itʃ]
명 가려움
동 (몸이) 가렵다

My right knee <u>itches</u>.
나의 오른쪽 무릎이 가렵다.

26일

★★ **ditch**
[ditʃ]
명 도랑, 개천
㊌drain 도랑

He fell in the <u>ditch</u>.
그는 도랑에 빠졌다.

27일

★ **pitch**
[pitʃ]
동 던지다, 천막을 치다
㊌throw 던지다　㋲pitcher 투수

He <u>pitched</u> a fast ball.
그는 빠른 볼을 던졌다.
pitch a coin 동전을 던지다

28일

★ **stitch**
[stitʃ]
명 한 바늘, 한 뜸
㊌sew 꿰매다

A <u>stitch</u> in time saves nine.
제 때의 한 바늘이 아홉 바늘의 수고를 던다.

29일

switch
[switʃ]
명 스위치
동 스위치를 넣다
a device for turning a light

He <u>switched</u> the light.
그는 전등을 켰다.
turn off[on] the switch
스위치를 끄다[켜다]

30일

공통어미 ⟨ite⟩로 구성되는 단어

bite
[bait]
to cut sth with your teeth

동 물다, 물어뜯다

■ I was <u>bitten</u> by mosquitoes.
나는 모기에게 물렸다.

kite
[kait]

명 연, 솔개

■ The boys are flying <u>kites</u>.
소년들은 연을 날리고 있다.

site
[sait]
유 place 장소

명 대지, 현장,
(컴퓨터) 사이트

■ This is a building <u>site</u>.
이것은 건축 용지이다.
historic sites 역사적 유적

★ quite
[kwait]
유 completely 아주

부 아주, 매우, 전적으로

■ We are <u>quite</u> happy.
우리는 아주 기쁘다.
quite interesting 아주 재미있는

white
[hwait]

명 흰색
형 하얀, 창백한

■ Her hair turned <u>white</u>.
그녀의 머리가 하얗게 되었다.
Snow White 백설공주

write
[rait]   ▼w[묵음]
동음 right 올바른

동 글을 쓰다

■ He is <u>writing</u> a letter.
그는 편지를 쓰고 있다.

★ excite
[iksáit]
파 excitement 흥분

동 흥분시키다, 자극하다

■ The game <u>excited</u> us.
그 경기는 우리를 흥분시켰다.

★ invite
[inváit]
파 invitation 초대

동 초대하다

■ I want to <u>invite</u> her to dinner.
나는 그녀를 저녁식사에 초대하고 싶다.

★ appetite
[ǽpətàit]

명 식욕

■ I have a good <u>appetite</u>.
나는 식욕이 좋다.

공통어미 〈ive〉로 구성되는 단어

dive
[daiv]　▼ive[aiv]
图 다이빙하다, 잠수하다
유 sink 가라앉다　파 diver 잠수부

■ He <u>dived</u> into the swimming pool.
그는 풀장에 뛰어 들었다.

21일

22일

five
[faiv]
명 5, 다섯
형 5의, 다섯의
파 fifth 다섯 번째

■ He has <u>five</u> children.
그에게는 다섯명의 아이들이 있다.

23일

★ hive
[haiv]
명 벌집, 벌통

■ Bees live in the <u>hive</u>.
벌은 벌집에서 산다.
beehive 벌집

24일

★ alive
[əláiv]
형 살아있는
유 living 살아있는

■ The bird is still <u>alive</u>.
그 새는 아직도 살아있다.

★ arrive
[əráiv]
图 도착하다
유 reach 도착하다　파 arrival 도착

■ The train will soon <u>arrive</u> at the station.
기차가 곧 역에 도착할 것이다.
arrive late 늦게 도착하다

25일

26일

drive
[draiv]
图 운전하다, 드라이브하다
파 driver 운전사

■ My father knows how to <u>drive</u>.
아버지는 운전할 줄 아신다.
a careful driver 조심성 있는 운전수

★ survive
[sə:rváiv]
图 살아남다

■ He <u>survived</u> the war.
그는 전쟁에서 살아남았다.

27일

give
[giv]　▼ive[iv]
图 주다, 내다
반 take 가지다

■ I will <u>give</u> you this book.
나는 너에게 이 책을 주겠다.
give thanks 감사하다

28일

★ forgive
[fə:rgív]
图 용서하다
유 pardon 용서하다　파 forgiveness 용서

■ Please <u>forgive</u> my mistake.
나의 실수를 용서해 주세요.
forgive us 우리를 용서하소서

29일

live
[liv]
图 살다, 거주하다
반 die 죽다

■ Snakes <u>live</u> on this mountain.
이 산에는 뱀이 살고 있다.
live happily 행복하게 살다

30일

133

공통어미 〈ix〉로 구성되는 단어

★ **fix**
[fiks]
롱tie 묶다

통고정시키다, 수리하다

■I <u>fixed</u> the picture on the wall.
나는 벽에 그림을 고정시켰다.
fix the radio 라디오를 고치다

mix
[miks]
롱blend 섞다 파mixer 믹서, mixture 혼합물

통섞다

■Oil and water will not <u>mix</u>.
기름과 물은 섞이지 않는다.

six
[siks]
파sixth 여섯번째

명6, 여섯
형6의, 여섯의

■I get up at <u>six</u> every morning.
나는 매일 아침 6시에 일어난다.
six weeks 6주

공통어미 〈ize〉로 구성되는 단어

size
[sɑiz]
반weight 무게

명크기, 치수, 사이즈

■She took the <u>size</u> of my waist.
그녀는 나의 허리 치수를 쟀다.
the same size 같은 크기

★ **prize**
[prɑiz]
롱reward 보수, 상

명상, 상금, 상품

■Who got the first <u>prize</u>?
누가 1등상을 탔나요?

★★ **recognize**
[rékəgnàiz]

통인정하다, 알아보다

■I <u>recognize</u> that you are right.
나는 네가 옳다는 것을 인정한다.

공통어미 〈o〉로 구성되는 단어

go
[gou]   ▼o[ou]
반come 오다

통가다

■I <u>go</u> to school by bus.
나는 버스를 타고 학교에 간다.
go shopping 쇼핑하러 가다

134

ago
[əgóu]
윤 before 전에

뷔 ~전에

■A baby was born a week <u>ago</u>.
일주일 전에 아기가 태어났다.

a long time ago 오래 전에, 옛날에

21일

★ **cargo**
[ká:rgou]
goods carried by a ship

몡 짐, 화물

■This is a <u>cargo</u> truck.
이것은 화물 트럭입니다.

discharge the cargo 짐을 부리다

22일

so
[sou]
동음 sow 씨를 뿌리다

뷔 그렇게, 그래서

■Why were you <u>so</u> late?
너는 왜 그렇게 늦었어?

also
[ɔ́:lsou]
윤 too ~도 또한

뷔 ~도 또한

■Tom likes baseball. I <u>also</u> like it.
톰은 야구를 좋아한다. 나도 좋아한다.

23일

★ **echo**
[ékou]

몡 메아리, 반향
동 반향하다, 울리다

■I heard the <u>echo</u> of my voice.
나는 내 목소리의 메아리를 들었다.

24일

hello
[helóu]

깜 (전화에서) 여보세요
몡 안녕, 안부

■<u>Hello</u>, may I speak to Jane?
여보세요, 제인 좀 바꿔주시겠어요?

say hello to~ ~에게 안부전하다

25일

hero
[hí:rou]

몡 영웅

■He is a national <u>hero</u>.
그는 국민적 영웅이다.

a hero myth 영웅 신화

26일

zero
[zí:rou]
the number or figure 0

몡 제로, 영

■I got <u>zero</u> in math.
나는 수학에서 0점을 받았다.

27일

photo
[fóutou]
윤 picture 사진

몡 사진

■I had my <u>photo</u> taken.
나는 내 사진을 찍었다.

a color photo 컬러 사진

28일

★ **volcano**
[vɑkéinou]

몡 화산

■The <u>volcano</u> formed a large hole on top.
화산은 정상에 큰 구멍을 형성했다.

29일

into
[íntu]   ▼o[uː]

전 ~안으로

■We went <u>into</u> the house.
우리는 집 안으로 들어갔다.

30일

공통어미 〈oad〉로 구성되는 단어

★ **load**
[loud]　　▼oad[oud]
(반)unload 짐을 부리다

図화물, 짐
통짐을 싣다, 적재하다

■Put down your <u>load</u> and rest.
짐을 내려놓고 쉬어라.
a heavy load 무거운 짐

★ **toad**
[toud]

명두꺼비

■Have you ever seen a <u>toad</u>?
두꺼비를 본 적이 있나요?
a poor toad 불쌍한 두꺼비

road
[roud]
(유)street, way 길

명도로

■There is no royal <u>road</u> to learning.
학문에는 왕도가 없다.
a straight road 직선도로

★ **broad**
[brɔːd]　　▼oad[ɔːd]
(반)narrow 좁은

형넓은, 광대한

■My mom has a <u>broad</u> mind.
나의 엄마는 마음이 넓으시다.
a broad street 넓은 거리

abroad
[əbrɔ́ːd]
a ~로부터+broad 넓은 곳

부외국에, 해외에

■She is living <u>abroad</u>.
그녀는 외국에서 살고 있다.
go abroad 외국으로 나가다

공통어미 〈oal〉로 구성되는 단어

goal
[goul]
(유)purpose 목적

명목적, 목표, 골, 득점

■What is your <u>goal</u> in life?
당신의 인생의 목표는 무엇입니까?
get a goal 득점하다

★ **coal**
[koul]
a black mineral

명석탄

■She stored <u>coal</u> for winter.
그녀는 겨울에 대비해서 석탄을 저장했다.
coal mine 탄광

★★ **charcoal**
[tʃɑ́ːrkòul]
char 시꺼멓게 타다

명숯

■He writes with a piece of <u>charcoal</u>.
그는 숯으로 글을 쓴다.

공통어미 〈oan〉으로 구성되는 단어

* **loan**
  [loun]
  명 대부, 대부금

  ■He got a <u>loan</u> from the bank.
  그는 은행으로부터 대부를 받았다.
  a personal loan 사채

** **moan**
  [moun]
  통 신음하다
  윤 lament 슬퍼하다

  ■The wounded soldier was <u>moaning</u>.
  그 부상당한 병사는 신음하고 있었다.

** **groan**
  [groun]
  통 신음하다

  ■The wounded men were <u>groaning</u>.
  부상자들이 신음하고 있었다.

공통어미 〈oar〉로 구성되는 단어

* **oar**
  [ɔːr]
  명 (배의) 노
  동음 or 혹은

  ■<u>Oars</u> are used to row.
  노는 노를 젓는데 사용된다.

* **roar**
  [rɔːr]
  통 으르렁거리다
  윤 shout 외치다

  ■The tiger is <u>roaring</u>.
  호랑이가 으르렁거리고 있다.

* **soar**
  [sɔːr]
  통 날아 올라가다
  동음 sore 아픈

  ■The glider <u>soared</u> high to heaven.
  글라이더는 하늘 높이 날아 올라갔다.

21일

22일

23일

24일

25일

26일

27일

28일

29일

30일

공통어미 〈oast〉로 구성되는 단어

★ **boast**
[boust]
　　to talk proudly

통 자랑하다, 큰소리치다

■ She <u>boasts</u> of her good voice.
　 그녀는 목소리가 좋은 것을 자랑으로
　 여긴다.
　 a high boast 호언장담

★ **coast**
[koust]
　⊕ seashore 해안

명 해안, 연안

■ Sok-cho is on the east <u>coast</u>.
　 속초는 동해안에 있다.
　 coast guard 해안 경비대

★ **roast**
[roust]
　　to cook food in a hot oven

통 고기를 굽다
형 구운

■ I like <u>roast</u> beef.
　 나는 구운 소고기를 좋아한다.
　 roast pork 돼지고기 구이

toast
[toust]

명 구운 빵, 토스트

■ I ate two slices of <u>toast</u> for
　 breakfast.
　 나는 아침 식사로 토스트 두 조각을 먹었다.

공통어미 〈oat〉로 구성되는 단어

boat
[bout]
　　a vehicle for traveling on water

명 보트, 작은 배

■ Can you row a <u>boat</u>?
　 당신은 보트를 저을 수 있어요?
　 a fishing boat 어선

coat
[kout]

명 코트

■ I put on my <u>coat</u>.
　 나는 상의를 입었다.
　 overcoat 외투　a fur coat 털 코트

goat
[gout]

명 염소

■ <u>Goats</u> are stronger than sheep.
　 염소는 양보다 힘이 세다.

★ **float**
[flout]
　⊕ sink 가라앉다

통 뜨다, 띄우다

■ Wood <u>floats</u> on water.
　 목재는 물 위에 뜬다.

★ **throat** 　　　　　　명 목구멍
[θrout]
　the front of your neck

■ He has a sore <u>throat</u>.
그는 목이 아프다.
a frog in the throat (목이 아파서) 쉰 목소리

21일

공통어미 〈ob〉으로 구성되는 단어

22일

job 　　　　　　명 일, 직업
[dʒɑb]
　유 work 일, occupation 직업

■ He is looking for a <u>job</u>.
그는 일자리를 찾고 있다.
a part-time job 시간제 일

23일

★ **rob** 　　　　　　통 빼앗다, 강탈하다
[rɑb]
　유 steal 강탈하다

■ They <u>robbed</u> him of his money.
그들은 그에게서 돈을 빼앗았다.

★ **sob** 　　　　　　통 흐느껴 울다
[sɑb]
　to cry noisily

■ The woman <u>sobbed</u> bitterly.
그 부인은 목메어 울었다.

24일

★ **knob** 　　　　　　명 손잡이
[nɑb]　　　　▼k[묵음]
　a round handle

■ The <u>knob</u> is round in shape.
그 손잡이는 모양이 둥글다.
doorknob 문 손잡이

25일

★★ **throb** 　　　　　　통 심장이 뛰다, 두근거리다
[θrɑb]
　to beat strongly and regularly

■ Her heart was <u>throbbing</u>.
그녀의 심장이 두근거렸다.

26일

27일

공통어미 〈ock〉로 구성되는 단어

cock 　　　　　　명 수탉
[kɑk]
　반 hen 암탉

■ The <u>cock</u> crows at dawn.
수탉은 동틀녘에 운다.
cockfight 닭싸움

28일

lock 　　　　　　명 자물쇠
[lɑk]　　　　　통 자물쇠를 채우다, 잠그다
　유 confine 감금하다

■ Please <u>lock</u> the door.
문을 잠가주시오.
a double lock 이중 자물쇠

29일

rock 　　　　　　명 바위, 돌, 암석
[rɑk]　　　　　통 흔들다
　유 shake 흔들다

■ He threw a <u>rock</u> into the lake.
그는 호수에 돌을 던졌다.

30일

sock
[sak]
몡 짧은 양말

■Where is my <u>sock</u>?
내 양말 한 짝이 어디 있지?
a pair of socks 양말 한 켤레

knock
[nak]　　　▼k[묵음]
圀strike 치다
몡 노크
통 치다, 때리다, 두드리다

■He <u>knocked</u> me on the head.
그는 내 머리를 때렸다.
knock at the door 문을 똑똑 두드리다

★ **shock**
[ʃak]
圀amaze 놀라게 하다하다
몡 충격
통 충격을 주다

■His death was a great <u>shock</u> to us.
그의 죽음은 우리에게 큰 충격을 주었다.
an electric shock 전기 충격

★ **block**
[blak]
圀piece 조각
몡 토막, 블록, 장애물
통 막다

■Go two <u>blocks</u> along this road.
이 길을 따라 두 블록을 가거라.

clock
[klak]
instrument that shows time
몡 탁상시계, 괘종시계

■The <u>clock</u> has two hands.
시계에는 두 개의 바늘이 있다.
an alarm clock 자명종

o'clock
[əklák]
몡 시(時)

■I will be back by eight <u>o'clock</u>.
8시까지 돌아오겠습니다.

★ **flock**
[flak]
a large group of animals
몡 짐승의 떼, 무리
통 떼짓다

■There are many <u>flocks</u> of sheep in the meadow.
초원에는 많은 양떼가 있다.
come in flocks 떼지어 오다, 몰려 오다

★ **stock**
[stak]
圀stem 줄기
몡 줄기, 재고품, 주식

■The store has a large <u>stock</u> of toys.
그 상점에는 장난감 재고가 많다.
stock market 주식시장

공통어미 〈od〉로 구성되는 단어

God
[gad]　　　▼od[ad]
creator and ruler of the universe
((cf.))god 일반적인 신
몡 (기독교의) 유일신

■<u>God</u> created the heaven and the earth.
하나님은 천지를 창조하셨다.

★ **nod** [nɑd]	통 머리를 끄덕이다	He <u>nodded</u> with a smile. 그는 웃으면서 고개를 끄덕였다.

21일

★ **rod** [rɑd] 유 stick 막대	명 막대, 회초리	Spare the <u>rod</u> and spoil the child. 매를 아끼면 아이를 망친다. **a fishing rod** 낚싯대

22일

★ **method** [méθəd]　▾od[əd] 유 means 수단	명 방법	These are new teaching <u>methods</u>. 이것은 새로운 교수법들이다.

23일

공통어미 〈og〉로 구성되는 단어

24일

dog [dɔːg] a four-legged mammal	명 개	A <u>dog</u> is a faithful animal. 개는 충직한 동물이다. **keep a dog** 개를 기르다

25일

fog [fɔːg] a thick mist 짙은 안개	명 안개	London is famous for <u>fog</u>. 런던은 안개로 유명하다. **a thick fog** 짙은 안개

26일

log [lɔːg]	명 통나무	His house was made of <u>logs</u>. 그의 집은 통나무로 만들어졌다. **a log bridge** 통나무 다리

27일

28일

frog [frɔːg]	명 개구리	<u>Frogs</u> jump well. 개구리는 잘 뛴다.

29일

smog [smɔːg] smoke mixed with fog	명 스모그, 연무	<u>Smog</u> is smoke mixed with fog. 스모그는 안개와 혼합된 연기이다.

30일

공통어미 〈oice/oise〉로 구성되는 단어

voice
[vɔis]   ▼oice[ɔis]
the sounds that come from your mouth

몡목소리

■She has a sweet <u>voice</u>.
그녀는 아름다운 목소리를 지니고 있다.
a gentle voice 감미로운 목소리

choice
[tʃɔis]
act of choosing ㈜choose 선택하다

몡선택

■Which is your <u>choice</u>?
어느 것을 고르셨습니까?
freedom of choice 선택의 자유

★★ **rejoice**
[ridʒɔ́is]
to feel or show joy

통기뻐하다, 좋아하다

■Tom <u>rejoiced</u> at the toys.
톰은 장난감을 보고 좋아했다.

noise
[nɔiz]   ▼oise[ɔiz]
㉯stillness 정적 ㈜noisy 시끄러운

몡시끄러운 소리, 소음

■Don't make so much <u>noise</u>.
그렇게 시끄럽게 굴지 마라.
noises in the street 거리의 소음

★ **poise**
[pɔiz]
㈜balance 균형

몡균형
통(특정한)태세를 취하다

■He <u>poised</u> himself on his toes.
그는 발끝으로 균형을 잡고 섰다.

공통어미 〈oil〉로 구성되는 단어

oil
[ɔil]
a greasy liquid

몡기름, 석유

■<u>Oil</u> is an important source of energy.
석유는 중요한 에너지원이다.

★ **boil**
[bɔil]
㈜boiler 보일러

통끓다, 끓이다

■The water is <u>boiling</u>.
물이 끓고 있다.
a boiled egg 삶은 달걀

coil
[kɔil]
㈜ring 고리

몡전기코일
통둘둘 감다

■Don't touch these <u>coil</u> of wire.
이 전선 코일들을 만지지 마세요.
coil a rope 밧줄을 감다

★ **soil**
[sɔil]
　유 earth 땅
　명 흙, 토양
　■ Watermelons grow well on the sandy soil.
　수박은 모래땅에서 잘 자란다.
　a rich soil 비옥한 땅

★ **toil**
[tɔil]
　유 hard work 노력
　동 힘들게 일하다
　명 노역, 고역, 노고, 수고
　■ He toiled everyday to earn money.
　그는 돈을 벌기 위해 매일 힘써 일했다.
　toil and moil 악착같이 일하다

★ **spoil**
[spɔil]
　유 damage 손상하다
　동 망치다, 못 쓰게 만들다
　■ The heavy rain spoiled the crops.
　큰 비가 농작물을 망쳐 버렸다.
　spoil the work 일을 망치다

공통어미 〈oin〉으로 구성되는 단어

coin
[kɔin]
　a piece of metal money
　명 동전, 화폐
　■ My hobby is to collect coins.
　나의 취미는 동전수집이다.

★ **join**
[dʒɔin]
　반 part 분리하다
　동 결합하다, 참가하다
　■ Our country joined the UN.
　우리나라는 국제연합에 가입했다.
　join the game 경기에 참가하다

공통어미 〈oint〉로 구성되는 단어

★ **joint**
[dʒɔint]
　명 이음매, 관절
　형 공동의, 연합의
　동 잇대다, 접합하다
　■ Water leaks from the joint in the pipe.
　파이프는 이음매에서 물이 샌다.

point
[pɔint]
　유 indicate 가리키다
　명 점, 득점
　동 가리키다, 지시하다
　■ Our team won by six points.
　우리 팀은 6점차로 이겼다.
　an important point 중요한 점
　viewpoint 관점

★★ **appoint**
[əpɔint]
　ap ~쪽으로+point 지적하다
　파 appointment 약속
　동 지명[임명]하다, 정하다
　■ I appointed him a new manager.
　나는 그를 새 지배인으로 임명했다.

21일
22일
23일
24일
25일
26일
27일
28일
29일
30일

공통어미 〈oke〉로 구성되는 단어

joke
[dʒouk]
㊂jest 농담

명농담
동농담하다

■His <u>jokes</u> made me cheer.
그의 농담은 나를 유쾌하게 했다.
tell a joke 농담을 하다

★ **choke**
[tʃouk]
㊂check 억제하다

동질식시키다

■I was <u>choked</u> with smoke.
나는 연기 때문에 숨이 막혔다.

broke
[brouk]
past of break

동break 깨다의 과거

■Tom <u>broke</u> a glass.
톰이 유리컵을 깼다.
a broken chair 부서진 의자

smoke
[smouk]

명연기
동담배를 피우다

■Do you mind my <u>smoking</u> here?
여기서 담배 피워도 괜찮겠습니까?

공통어미 〈old〉로 구성되는 단어

old
[ould]
㊤young 젊은

형늙은, 나이 먹은, 오래된

■How <u>old</u> are you?
너는 몇 살이니?
an old man 노인

★ **bold**
[bould]
㊤shy 수줍은

형대담한, 뻔뻔스러운

■He is a very <u>bold</u> boy.
그는 대담한 소년이다.
a bold soldier 대담한 병사

cold
[kould]
㊤hot 더운

형추운
명추위, 감기

■He has a bad <u>cold</u>.
그는 독감에 걸렸다.
a cold wind 찬 바람

★ **fold**
[fould]
㊂envelop 싸다

동접다
명주름

■Bill is <u>folding</u> the letter.
빌은 편지를 접고 있다.
fold the papers 종이를 접다

gold
[gould]
파 golden 금빛의

명 금, 금화
형 금의

■ His watch is made of gold.
그의 시계는 금으로 만들어졌다.
pure gold 순금

21일

★ hold
[hould]
반 loose 풀어놓다

동 손에 들다, 개최하다

■ Korea held the Olympics in 1988.
한국은 1988년에 올림픽을 개최했다.
hold on 계속하다,
(전화 등을) 끊지 않고 기다리다

22일

★ scold
[skould]
유 blame 꾸짖다   반 praise 칭찬하다

동 꾸짖다

■ Mother scolded me.
어머니는 나를 꾸중하셨다.

23일

공통어미 〈ole〉로 구성되는 단어

24일

hole
[houl]
동음 whole 전부

명 구멍, 굴

■ She is mending the holes in her socks.
그녀는 양말의 구멍을 깁고 있다.
make a hole 구멍을 내다

25일

★ pole
[poul]
유 stick 막대기

명 막대기, 장대,
극, 극지

■ Bears live in the North Pole.
곰은 북극에서 산다.
a curtain pole 커튼 봉

26일

role
[roul]
유 part 역할

명 역할, 임무

■ We discussed about women's roles.
우리는 여성의 역할에 대해 토론했다.
a role play 역할극

27일

★ sole
[soul]
동음 soul 영혼

형 유일한, 단 하나의
명 발바닥, 바닥, 밑창

■ The soles of my boots are rubber.
내 신발의 밑창은 고무이다.
the sole survivor 유일한 생존자

28일

whole
[houl]
유 entire 전체의   반 part 부분

명 전부
형 전부의

■ The whole class went on a picnic.
반 전체가 소풍을 갔다.
the whole world 전 세계

29일

30일

공통어미 〈에/이〉로 구성되는 단어

doll
[dɔːl]   ▼oll[ɔːl]

명 인형

■ Girls like to play with <u>dolls</u>.
여자아이는 인형을 가지고 놀기를 좋아한다.
a beautiful doll 아름다운 인형

roll
[roul]   ▼oll[oul]
통 role 역할

통 구르다, 굴리다, 굴러가다

■ A coin <u>rolled</u> in under the desk.
동전이 책상 밑으로 굴러 들어갔다.

★ **control**
[kəntróul]   ▼ol[oul]
㊌ restrain 억제하다

명 통제, 지배
통 통제하다

■ He couldn't <u>control</u> his anger.
그는 분노를 억제할 수 없었다.
control prices 물가를 통제하다

symbol
[símbəl]   ▼oll[əl]
㊌ emblem 상징

명 상징, 기호

■ The dove is a <u>symbol</u> of peace.
비둘기는 평화의 상징이다.
the chemical symbol 화학 기호

공통어미 〈om〉으로 구성되는 단어

mom
[mɑm]   ▼om[ɑm]
반 dad 아빠

명 엄마, 어머니

■ May I go out, <u>mom</u>?
엄마, 밖에 나가도 될까요?

from
[frʌm]   ▼om[ʌm]

전 ~로 부터

■ Where are you <u>from</u>?
어디 출신입니까?
from now on 지금부터(는)

★ **blossom**
[blásəm]   ▼om[əm]
㊌ flower 꽃, bloom 개화하다

명 꽃
통 꽃이 피다

■ The cherry tree will <u>blossom</u> next month.
벚나무는 다음 달에 꽃이 필 것이다.

★ **bottom**
[bátəm]
㊌ foundation 기초

명 맨 아래, 바닥

■ He is at the <u>bottom</u> of his class.
그는 반에서 꼴찌이다.
the bottom of the sea 해저

★ **custom**
[kʌ́stəm]
🔀 habit 습관

명 관습, 풍습

■ Bill is learning Korean <u>custom</u>.
빌은 한국의 관습을 배우고 있다.
a local custom 지방의 관습

★★ **seldom**
[séldəm]
not often

부 좀처럼 ~하지 않다

■ He is <u>seldom</u> absent from school.
그는 좀처럼 학교에 결석하지 않는다.

공통어미 〈omb〉으로 구성되는 단어

★ **bomb**
[bɑm]   ▼omb[ɑm]

명 폭탄

■ A <u>bomb</u> was going to go off.
폭탄이 막 터지려 했다.
an atomic bomb 원자폭탄

★ **Abomb**
[éibɑ̀m]

명 원자 폭탄

■ <u>Abomb</u> was used during The Second World War.
원자 폭탄은 제2차 세계대전 때 사용되었다.

comb
[koum]   ▼omb[oum]

명 빗
동 빗질하다

■ Jane <u>combs</u> her hair every morning.
제인은 매일 아침 머리를 빗는다.
comb one's hair 빗으로 머리를 빗다

★ **tomb**
[tu:m]   ▼omb[u:m]
🔀 grave 무덤

명 묘, 무덤

■ The tourist visited an ancient king's <u>tomb</u>.
그 여행자는 옛 왕릉을 방문했다.
a family tomb 선조 대대의 묘

공통어미 〈ome〉으로 구성되는 단어

come
[kʌm]   ▼ome[ʌm]
반 go 가다

동 오다

■ She <u>came</u> to see me.
그녀는 나를 만나러 왔다.
come back 돌아오다, 복귀하다

some
[sʌm]
🔀 certain 어떤

형 약간의, 어떤

■ Give me <u>some</u> bread.
빵을 좀 주시오.
some books 몇 권의 책

21일
22일
23일
24일
25일
26일
27일
28일
29일
30일

become
[bikʌm]

동 ~이 되다

■ I want to become a doctor.
나는 의사가 되고 싶다.

become a teacher 교사가 되다

★ income
[ínkʌm]

명 수입, 소득

in 안으로+com 들어오는 것

■ They lived on a small income.
그들은 적은 수입으로 생활했다.

a regular income 정기적인 수입

★★ overcome
[òuvərkʌm]

동 극복하다, 이기다

■ Tom was overcome by sleep.
톰은 잠을 이길 수가 없었다.

overcome hardship 고난을 극복하다

welcome
[wélkəm]   ▼ome[əm]

형 환영하는
동 환영하다

wel 잘+come 오셨습니다

■ They welcomed me warmly.
그들은 나를 따뜻하게 환영했다.

a welcome rain 단비

handsome
[hǽnsəm]

형 잘생긴, 멋진

((cf.)) beautiful 아름다운

■ He is a handsome boy.
그는 미남이다.

a handsome young man 미남 청년

공통어미 〈on〉으로 구성되는 단어

person
[pə́:rsn]

명 사람, 인간

■ He is a nice person.
그는 좋은 사람이다.

★ crimson
[krímzn]

명 진홍색
형 진홍색의

■ He has a crimson sports car.
그는 진홍색의 스포츠카를 갖고 있다.

prison
[prízn]

명 교도소, 감옥

파 prisoner 죄수

■ The thief was in prison.
그 도둑은 투옥되어 있었다.

come out of prison 출소하다

reason
[rí:zn]

명 이유, 이성

■ Animals have no reason.
동물은 이성이 없다.

for many reasons 많은 이유로

season
[sí:zn]

명 철, 계절

■ There are four seasons in Korea.
한국에는 4계절이 있다.

harvest season 수확기

공통어미 〈ond〉로 구성되는 단어

★ **bond**
[bɔnd] ▼ond[ɑnd | ɔnd]
⑨knot 매듭, union 동맹

몡 유대, 결속
　담보 대출

■He is in <u>bonds</u>.
　그는 감금되어 있다.
the bond between nations
국가 간의 유대

21일

★ **fond**
[fɔnd]
⑨tender 다정한

휑 좋아하는, 다정한

■I am <u>fond</u> of music.
　나는 음악을 좋아한다.
be fond of ~을 좋아하다

22일

pond
[pɔnd]
a small area of water

몡 못, 연못

■They are swimming in the <u>pond</u>.
　그들은 연못에서 수영하고 있다.

23일

24일

25일

blond
[blɔnd]
having light-coloured hair

휑 금발의

■Mr. Brown is <u>blond</u>.
　브라운씨는 금발이다.
blond hair 금발

26일

★ **beyond**
[bijɔ́nd]

젠 ~의 저편에[너머]
閇 건너편에, 그 너머에

■Don't go <u>beyond</u> the bridge.
　그 다리 저편으로 가지마라.

27일

★ **respond**
[rispánd]
re 다시+spond 약속하다

됭 응답하다, 반응하다

■She <u>responded</u> to a speech of
welcome.
　그녀는 환영사로 답했다.

28일

second
[sékənd] ▼ond[ənd]

휑 제2의, 두번째의
몡 초(秒)

■My watch has a <u>second</u> hand.
　내 시계는 초침이 있다.
sixty seconds 60초

29일

30일

Exercise

영어를 우리말로, 우리말을 영어로 바꾸시오.

1 split _____

2 permit _____

3 arrive _____

4 groan _____

5 soar _____

6 sob _____

7 rejoice _____

8 bold _____

9 income _____

10 fond _____

11 초대하다 _____

12 식욕 _____

13 넓은, 광대한 _____

14 자랑하다, 큰소리치다 _____

15 심장이 뛰다, 두근거리다 _____

16 짐승의 떼, 무리, 떼짓다 _____

17 힘들게 일하다, 노역, 고역 _____

18 이음매, 관절, 공동의, 접합하다 _____

19 꽃, 꽃이 피다 _____

20 좀처럼 ~하지 않다 _____

우리 말과 같은 뜻이 되도록 빈칸을 채우시오.

1 안경없이 글씨를 알아보기 힘들다.

It's hard to _____ the writtings without glasses.

2 정글에서 살아남기 위해선 많은 기술들이 필요하다.

You need lots of skills to _____ in the jungle.

3 그는 소금을 너무 많이 넣어서 음식을 망쳐버렸다.

He _____ the food by putting too much salt in it.

4 식사 때 김치를 함께 먹는 것은 우리의 오랜 관습이다.

Eating meals with kimchi is our long _____ .

5 너는 이 문제를 풀기 위한 방법을 알고 있니?

Do you know the _____ to solve this problem?

---

step1 1 찢다, 쪼개다 2 허락하다, 허가하다 3 도착하다 4 신음하다 5 날아 올라가다 6 흐느껴 울다 7 기뻐하다, 좋아하다 8 대담한, 뻔뻔스러운
9 수입, 소득 10 좋아하는, 다정한 11 invite 12 appetite 13 broad 14 boast 15 throb 16 flock 17 toil 18 joint
19 blossom 20 seldom
step2 1 recognize 2 survive 3 spoiled 4 custom 5 method

step3 다음 문장의 문맥에 맞게 알맞은 단어를 고르시오.

1 I should (admit / commit) that your thought is right..

2 There is no (road / limit) to develop yourself if you try hard..

3 Do not make any (poise / noise) in the night.

4 Finally she (became / overcame) her weakness and acheived the goal.

5 These posts are to be sent (broad / abroad) by flight.

6 (Forgive / Survive) my lateness, I got up late in this morning.

7 You should not forget your main (roll / role) as a student..

8 She is (pointed / appointed) as a new president of the company.

9 He has a (habit / bit) of shaking his legs when studying.

10 All the students have their own (season / reason) for studying English.

step4 다음의 〈보기〉중에서 각 문장의 빈칸에 알맞은 것을 고르시오.

┌─ 보기 ──────────────────────┐
  beyond   scold   coast   spirit   bond
└──────────────────────────────┘

1 What a surprise! This result is _____ my expectation.

2 _____ areas are always in danger of hurricane.

3 You should not _____ the students too many times.

4 Our team is in strong _____ to work together.

5 A man with strong _____ can only reach to the goal.

step3 1 admit 2 limit 3 noise 4 overcame 5 abroad 6 Forgive 7 role 8 appointed 9 habit 10 reason
step4 1 beyond 2 coast 3 scold 4 bond 5 spirit

공통어미 〈one〉으로 구성되는 단어

★ **bone**
[boun] ▼one[oun]
㉾flesh 살

명 뼈

■Dogs like <u>bones</u> very much.
개는 뼈다귀를 무척 좋아한다.

★ **lone**
[loun]
㉤solitary 고독 ㉣lonely 고독한

형 고독한, 쓸쓸한

■I feel very <u>lonely</u>.
나는 매우 쓸쓸하다.
a lonely place 쓸쓸한 곳

alone
[əlóun]
without anyone else

형 홀로

■Tom <u>alone</u> can do this work.
톰만이 이 일을 할 수 있다.
all alone 오로지 혼자서

★ **clone**
[kloun]

동 복제하다
명 클론, 복제 (생물)

■The scientist produced <u>clones</u>.
과학자는 복제 생물을 만들어 냈다.

★ **tone**
[toun]

명 음색, 음조, 어조

■He spoke in an angry <u>tone</u>.
그는 성난 어조로 말했다.
low tone 낮은 어조

stone
[stoun]

명 돌

■He threw a <u>stone</u> into the pond.
그는 연못에 돌을 던졌다.
Stone Age 석기 시대

phone
[foun]

명 전화
동 전화하다

■The <u>phone</u> is ringing.
전화가 울리고 있다.
a phone number 전화번호

telephone
[téləfòun]
tele 멀리+phone 보내는 소리

명 전화
동 전화를 걸다

■He is talking on the <u>telephone</u>.
그는 전화로 이야기하고 있다.

one
[wʌn] ▼one[wʌn]

형 하나의

■His son is <u>one</u> year old.
그의 아들은 한 살이다.
one summer day 어느 여름날

anyone
[éniwʌn]
any person

대 누군가, 누구

- Can <u>anyone</u> answer my question?
누가 내 질문에 대답할 수 있니?

someone
[sʌ́mwʌn]
some person

대 누군가, 어떤 사람

- She heard <u>someone</u> singing a song.
그녀는 누군가가 노래하는 것을 들었다.

everyone
[évriːwʌn]
every person

대 모든 사람

- <u>Everyone</u> knows him very well.
누구나 그를 잘 알고 있다.

공통어미 〈ong〉으로 구성되는 단어

long
[lɔːŋ]
⚞short 짧은 ⚟length 길이

형 긴, 오랜
부 오래

- Her hair is <u>long</u>.
그녀의 머리는 길다.
a long distance 장거리

★ along
[əlɔ́ːŋ]
a+long 긴

전 ~을 따라서

- They ran <u>along</u> the street.
그들은 길을 따라 달렸다.
along a river 강을 따라

★ belong
[bilɔ́ːŋ]
be 완전히+long 속하다

동 ~에 속하다, ~의 것이다

- This book <u>belongs</u> to me.
이 책은 내 것이다.

★★ prolong
[prəlɔ́ːŋ]
pro 앞으로+long 길게 하다

동 연장하다

- The meeting was <u>prolonged</u> into the evening.
그 회의는 저녁까지 더 연장되었다.

song
[sɔːŋ]

명 노래

- Let's sing some <u>songs</u>.
노래를 부릅시다.
a popular song 유행가

strong
[strɔːŋ]
⚞weak 약한 ⚟strength 힘

형 강한, 튼튼한

- He has <u>strong</u> arms.
그는 팔 힘이 세다.
a strong will 굳센 의지

wrong
[rɔːŋ]   ▼w[묵음]
⚟evil 나쁜 ⚞right 옳은

형 나쁜, 틀린

- It is <u>wrong</u> to tell a lie.
거짓말을 하는 것은 나쁘다.

공통어미 〈oo〉로 구성되는 단어

too
[tu:]
동음 two, to

부 ~도 또한

■ I can speak English, <u>too</u>.
나도 영어를 말할 줄 안다.
too much work 너무 많은 일

zoo
[zu:]
a place where wild animals are kept

명 동물원

■ We went to the <u>zoo</u> last Sunday.
우리는 지난 일요일에 동물원에 갔다.

★ **bamboo**
[bæmbú:]
a plant with a hard hollow stem

명 대, 대나무

■ This basket is made of <u>bamboo</u>.
이 바구니는 대나무로 만들어졌다.

공통어미 〈ood〉로 구성되는 단어

food
[fu:d]   ▼ood [u:d]
anything that is eaten

명 음식, 식품

■ Do you like Korean <u>food</u>?
당신은 한국 음식을 좋아합니까?
natural foods 자연식품

good
[gud]
반 bad 나쁜 파 goods 상품

형 좋은, 능숙한

■ We are <u>good</u> friends.
우리는 좋은 친구이다.
good idea 훌륭한 생각

hood
[hud]
유 scarf 목도리

명 두건, 후드

■ He was wearing a raincoat with a <u>hood</u>.
그는 후드 달린 비옷을 입고 있었다.

mood
[mu:d]
state of mind 기분

명 기분, 마음

■ She is in a good <u>mood</u> now.
그녀는 지금 기분이 좋다.
a bad mood 나쁜 기분

wood
[wud]
유 forest 숲

명 나무, 숲

■ I like walking in the <u>woods</u>.
나는 숲에서 산책하기 좋아한다.
hard woods 단단한 나무

★ **brood**
[bru:d]
⊕hatch 알을 까다

통 알을 품다
되씹다[곱씹다]

■The hen is <u>brooding</u>.
암탉이 알을 품고 있다.

★ **blood**
[blʌd]   ▼ood[ʌd]
⊕family line 혈통

명 피, 혈통

■His face was covered with
<u>blood</u>.
그의 얼굴은 피로 덮여 있었다.

blood type 혈액형

★★ **flood**
[flʌd]
⊕over flow 넘쳐흐르다

명 홍수
통 넘쳐흐르다

■There was a <u>flood</u> in Seoul.
서울에 홍수가 났었다.

flood control 홍수 조절

공통어미 〈oof〉로 구성되는 단어

roof
[ru:f]
반floor 마루

명 지붕

■The <u>roof</u> of car was wet.
자동차의 지붕은 젖어 있었다.

a steep roof 가파른 지붕

★ **proof**
[pru:f]
prove 증명하다

명 증거, 증명
형 ~에 견디는

■Do you have any <u>proof</u> of that?
그것에 대한 어떤 증거라도 있나요?

waterproof 방수의

공통어미 〈ook〉로 구성되는 단어

book
[buk]

명 책

■I like to read a <u>book</u>.
나는 책 읽기를 좋아한다.
bookstore 서점

cook
[kuk]
to make food by heating

명 요리사
동 요리하다
파 cooking 요리

■He is a very good <u>cook</u>.
그는 훌륭한 요리사이다.
a head cook 주방장

★ **hook**
[huk]
a curved piece of metal

명 (갈)고리, (낚싯)바늘

■He caught some fish with a <u>hook</u>.
그는 낚시로 고기를 잡았다.
a hat hook 모자걸이

look
[luk]
유 stare 응시하다

동 보다, ~로 보이다

■She <u>looks</u> very happy.
그녀는 매우 행복해 보인다.
look sad 슬프게 보이다

★★ **overlook**
[òuvərlúk]
over 위에서+look 넘겨보다

동 내려다 보다, 눈감아 주다

■This window <u>overlooks</u> the whole city.
이 창문에서 온 시내가 내려다 보인다.

★ **outlook**
[áutlùk]
out 밖을+look 보는 것

명 조망, 경치, 전망

■My room has a good <u>outlook</u>.
내 방은 전망이 좋다.
The outlook is bright 전망이 밝다

★ **brook**
[bruk]
유 a small stream 개울

명 시내, 개울

■There was a small house near the <u>brook</u>.
시냇가 가까이에 작은 집이 하나 있었다.

공통어미 〈ool〉로 구성되는 단어

cool
[ku:l]
반 warm 따뜻한

형 시원한, 서늘한, 냉정한

■It was a <u>cool</u> day.
시원한 날이었다.
a cool place 서늘한 곳

fool [fu:l] 　반sage 현인	명바보	■What a <u>fool</u> l am! 난 참 바보야! a foolish man 바보 같은 사람

31일

pool [pu:l] small area of water	명수영장, 웅덩이	■The children are swimming in the <u>pool</u>. 아이들이 수영장에서 수영을 하고 있다.

32일

tool [tu:l] 　유instrument 도구	명도구	■This <u>tool</u> is used to dig holes. 이 도구는 구멍을 파는데 사용된다.

33일

stool [stu:l]	명(등받이 없는) 의자	■Betty sat on the <u>stool</u>. 베티는 걸상에 앉았다.

34일

school [sku:l] 　유school mate 학우	명학교	■I go to <u>school</u> by bus. 나는 버스를 타고 학교에 간다. after school 방과후에

35일

wool [wul]	명양모, 털실	■We wear <u>wool</u> in winter. 우리는 겨울에 털실 옷을 입는다.

36일

공통어미 〈oom〉으로 구성되는 단어

★ boom [bu:m]	명쿵하고 울리는 소리, 인기, 붐 동쿵 울리다, 갑자기 번창하다	■Business is <u>booming</u>. 사업이 갑자기 잘되고 있다. a boom in new schools 신설 학교의 급증

37일

room [ru:m] 　유chamber 방	명방	■We want a quiet <u>room</u>. 우리는 조용한 방을 원한다. a large room 큰방

38일

bloom [blu:m] 　유flower 꽃	명꽃 동꽃이 피다	■Many plants <u>bloom</u> in the spring. 많은 식물은 봄에 꽃이 핀다.

39일

★ broom [bru:m] a long handled brush	명(청소용) 비, 빗자루	■She is sweeping with a <u>broom</u>. 그녀는 빗자루로 청소하고 있다.

40일

공통어미 〈oon〉으로 구성되는 단어

moon
[muːn]
㈜ sun 태양

명 달

■ The <u>moon</u> is beautiful tonight.
오늘 밤은 달이 아름답다.
moonlight 달빛

noon
[nuːn]
㈜ midday 한낮

명 정오, 대낮

■ We have lunch at <u>noon</u>.
우리는 정오에 점심을 먹는다.
afternoon 오후

afternoon
[æftərnúːn]
after 후에+noon 정오

명 오후

■ We have two classes in the <u>afternoon</u>.
우리는 오후에 수업이 2시간 있다.

soon
[suːn]
㈜ before long 곧

부 곧, 이내

■ I will be back <u>soon</u>.
나는 곧 돌아올 것이다.

spoon
[spuːn]
a tool for eating soup

명 숟가락

■ There are <u>spoons</u> on the table.
식탁 위에 숟가락이 있다.
a teaspoon 찻숟가락

balloon
[bəlúːn]

명 풍선, 기구

■ His <u>balloon</u> went up into the sky.
그의 풍선은 하늘 높이 올라갔다.

공통어미 〈oor〉로 구성되는 단어

poor
[puər]   ▼oor[uər]
㈜ rich 부유한

형 가난한, 가엾은, 서투른

■ We must help <u>poor</u> people.
우리는 가난한 사람을 돕지 않으면 안 된다.
poor skills 서투른 기술

floor
[flɔːr]   ▼oor[ɔːr]
㈜ story 층

명 바닥, 층, 마루

■ She is cleaning the <u>floors</u>.
그녀는 마루를 청소하고 있다.
the ground floor 1층

door
[dɔːr]

명 문, 현관

■ Shut the <u>door</u> after you.
나가면서 문을 닫아라.
open the door 문을 열다

31일

★ **indoor**
[índɔ̀:r]
　in 안의+door 문

형 실내의, 옥내의

■ Basketball is a popular <u>indoor</u> sport.
농구는 인기 있는 실내 스포츠이다.
indoor games 실내경기

★ **indoors**
[indɔ́:rz]

부 실내에(서), 옥내에(서)

■ You'd better put these plants <u>indoors</u>.
이 식물은 실내에 두는 편이 좋다.

32일

★ **outdoor**
[áutdɔ̀:r]
　out 밖의+door 문

형 야외의, 옥의의

■ Tom likes <u>outdoor</u> games.
톰은 야외 운동을 좋아한다.
a outdoor life 야외생활

33일

★ **outdoors**
[àutdɔ́:rz]

부 야외에(서), 옥외에(서)

■ I slept <u>outdoors</u>.
나는 야숙했다.

34일

공통어미 〈oose〉로 구성되는 단어

35일

goose
[guːs]
　a large bird with webbed feet

명 거위

■ There are too many <u>geese</u> on this farm.
이 농장엔 거위들이 너무 많이 있다.
keep a goose 거위를 기르다

36일

37일

★ **loose**
[luːs]
　반 tight 단단히 맨

형 헐렁한, 풀린

■ The dog was <u>loose</u>.
개가 풀려 있었다.
a loose sweater 헐렁한 스웨터

38일

★ **choose**
[tʃuːz]
　유 select 고르다
　파 choice 선택

동 고르다, 선택하다

■ <u>Choose</u> your friends carefully.
친구를 조심해서 선택해라.

39일

40일

공통어미 〈oot〉로 구성되는 단어

boot
[bu:t]
명 장화

■ We wear <u>boots</u> in the snow.
우리는 눈 속에서 장화를 신는다.
a pair of boots 장화 한 켤레

foot
[fut]
반 head 머리
명 발

■ He picked the ball with his right <u>foot</u>.
그는 오른 발로 공을 찼다.
footstep 발소리

* **root**
[ru:t]
반 branch 가지
명 뿌리, 근원

■ Flowers get water from their <u>roots</u>.
꽃은 뿌리에서 물을 얻는다.
the root of the matter 일의 근원

* **shoot**
[ʃu:t]
유 fire a gun 사격하다
동 (총 등을) 쏘다, 사냥하다
슛을 하다

■ He <u>shoots</u> well.
그는 사격을 잘한다.
shoot an arrow 화살을 쏘다

공통어미 〈op〉로 구성되는 단어

hop
[hap]
jump on one leg
동 한발로 뛰다, 깡충 뛰다

■ The boy <u>hopped</u> out of the car.
그 소년은 차에서 깡충 뛰어나왔다.

pop
[pap]
popular music 대중음악
명 대중음악
형 대중적인

■ She is known as a <u>pop</u> singer.
그녀는 팝송가수로 알려져 있다.
pop music 대중음악

top
[tap]
반 bottom 꼴찌
명 꼭대기, 정상, 수석

■ He is at the <u>top</u> of his class.
그는 그의 학급에서 수석이다.

★ chop
[tʃɑp]
동 찍다, 자르다
유 cut 자르다

■ Jim is <u>chopping</u> wood.
짐은 나무를 자르고 있다.
chopstick 젓가락

shop
[ʃɑp]
명 가게, 상점
동 물건을 사다, 쇼핑하다
a small store

■ She keeps a small <u>shop</u>.
그녀는 작은 가게를 운영한다.
a flower shop 꽃가게

★ crop
[krɑp]
명 농작물, 수확
동 베다, 수확하다
유 harvest 수확

■ Rice is the main <u>crop</u> in korea.
쌀은 한국의 주요 농산물이다.
crop a field 밭을 일구다

drop
[drɑp]
명 물방울
동 떨어지다
a small amount of liquid

■ The apple <u>dropped</u> from tree.
사과가 나무에서 떨어졌다.

stop
[stɑp]
명 정지, 정류장
동 멈추다
유 pause 잠깐 멈춤

■ The bus <u>stops</u> here.
그 버스는 여기에 선다.
a bus stop 버스정류장

공통어미 〈ope〉로 구성되는 단어

hope
[houp]
명 희망
동 희망하다
유 desire 소망 반 despair 절망

■ I <u>hope</u> to see you soon.
곧 뵙게 되기를 바랍니다.

rope
[roup]
명 밧줄, 로프

■ They are pulling the <u>rope</u>.
그들은 밧줄을 끌어당기고 있다.
tie a rope 밧줄을 묶다

★ slope
[sloup]
명 비탈, 경사면
유 inclination 경사

■ They are sliding down the <u>slope</u>.
그들은 경사면을 미끄러져 내려가고 있다.
a steep slope 가파른 비탈

★ telescope
[téləskòup]
명 망원경
tele 멀리+scope 보는것
((cf.)) microscope 현미경

■ We can see the stars through the <u>telescope</u>.
우리는 망원경으로 별을 볼 수 있다.

31일
32일
33일
34일
35일
36일
37일
38일
39일
40일

공통어미 〈orch〉로 구성되는 단어

★ **porch**
[pɔ:rtʃ]
entrance to a building

명 현관, 베란다

■ The chairs are on the porch.
현관에 의자들이 있다.
see to the porch 현관까지 배웅하다

★ **torch**
[tɔ:rtʃ]
a flaming piece of wood

명 횃불

■ The torch was lighted.
횃불이 점화되었다.

★★ **scorch**
[skɔ:rtʃ]
to burn something slightly

통 그을리다, 그슬리다
(햇볕에) 마르다[시들다]

■ It was a scorching day.
몹시 더운 날이었다.
be scorched black 까맣게 타다

공통어미 〈ord〉로 구성되는 단어

cord
[kɔ:rd]
a thin rope 가는 줄

명 줄, 끈, 코드

■ He tied his books with cord.
그는 끈으로 책을 묶었다.

★ **lord**
[lɔ:rd]
⊛master 주인

명 지배자, 주인, 군주
주님, 하느님

■ He is living like a lord.
그는 왕과 같은 생활을 하고 있다.
landlord 지주

word
[wə:rd]

명 낱말, 단어, 말

■ He went away without a word.
그는 말 한마디 없이 가버렸다.

★ **sword**
[sɔ:rd]
a weapon with a handle

명 칼, 검

■ He owns an old Korean sword.
그는 옛날 한국 검을 가지고 있다.

★ **accord**
[əkɔ́:rd]
ac ~로+cord 마음이 가다

명 일치
통 일치하다

■ His deeds accord with his words.
그의 언행은 일치한다.

★ **record**
명 [rékɔ:rd]
통 [rikɔ́:rd]

명 기록, 음반, 레코드
통 기록하다, 녹음(녹화)하다

■ He broke the world record.
그는 세계 기록을 깼다.
a tape recorder 녹음기

공통어미 〈ore〉로 구성되는 단어

★ **bore** 　　　　　　　⑧ 지루하게 하다
[bɔːr]
　⑧tire 싫증나게 하다
　⑩boring 지루하게 하는, bored 지루한

　　■This book <u>bores</u> me.
　　　이 책은 지루하다.
　　　be bored to death
　　　심심해서 죽을 지경이다
31일

more 　　　　　　　⑲ 더 많은
[mɔːr]　　　　　　　　⑨ 더욱
　⑪less 더욱 적은

　　■He has <u>more</u> books than I have.
　　　그는 나보다 많은 책을 가지고 있다.
　　　more beautiful 더 아름다운
32일

★ **sore** 　　　　　　　⑲ 아픈
[sɔːr]　　　　　　　　⑲ 상처
　⑧painful 아픈

　　■I have a <u>sore</u> throat.
　　　나는 목이 아프다.
　　　a sore wound 아픈 상처
33일

★ **shore** 　　　　　　⑲ 물가, 해안[해변], 호숫가
[ʃɔːr]
　⑧beach 해안

　　■We walked along the <u>shore</u>
　　　of the lake.
　　　우리는 호숫가를 따라 걸었다.
　　　shoreline 해안선
34일

score 　　　　　　　⑲ 득점
[skɔːr]　　　　　　　　⑧ 득점하다
　⑧record 기록

　　■She <u>scored</u> four points.
　　　그녀는 4점을 득점했다.
35일

store 　　　　　　　⑲ 상점, 저장
[stɔːr]　　　　　　　　⑧ 저축하다
　⑧shop 가게

　　■They sell books at that <u>store</u>.
　　　저 상점에서 책을 팔고 있다.
　　　a department store 백화점
36일

bookstore 　　　　　⑲ 서점
[búkstɔ̀ːr]
　book 책+store 가게

　　■Let's go to the <u>bookstore</u>.
　　　서점에 가자.
37일

★★ **explore** 　　　　　⑧ 탐험하다
[iksplɔ́ːr]
　ex 밖으로+plore 외치다

　　■He <u>explored</u> the North Pole.
　　　그는 북극을 탐험했다.
38일

★★ **ignore** 　　　　　　⑧ 무시하다
[ignɔ́ːr]
　⑧disregard 무시하다

　　■He <u>ignored</u> our advice.
　　　그는 우리들의 충고를 무시했다.
39일

40일

공통어미 〈ork〉로 구성되는 단어

cork
[kɔːrk]　　▼ork[ɔːrk]
몡 코르크

■ <u>Cork</u> is light and it floats on water.
코르크는 가벼워서 물에 뜬다.

fork
[fɔːrk]
몡 포크

■ He is good at using a knife and <u>fork</u>.
그는 나이프와 포크를 잘 쓴다.

pork
[pɔːrk]
the meat from a pig
몡 돼지고기

■ I like <u>pork</u> better than beef.
나는 쇠고기보다 돼지고기를 좋아한다.

★ **stork**
[stɔːrk]
a large white bird with a long beak
몡 황새

■ Have you ever seen a <u>storks</u>?
너는 황새를 본 적이 있니?

work
[wəːrk]　　▼ork[əːrk]
២ rest 휴식
몡 일, 공부
동 일하다

■ My father <u>works</u> in a bank.
내 아버지께서는 은행에서 근무하신다.
look for work 일자리를 찾다

homework
[hóumwəːrk]
home 집에서 하는 + work 공부
몡 숙제

■ Have you done your <u>homework</u>?
너는 숙제를 했니?
do homework 숙제를 하다

housework
[háuswəːrk]
house 집에서+work 하는 일
몡 가사, 집안일

■ She is doing <u>housework</u>.
그녀는 집안일을 하고 있다.
do housework 집안일을 하다

공통어미 〈orm〉으로 구성되는 단어

worm
[wɔːrm]
a small creeping creature
몡 벌레

■ Early bird catches the <u>worm</u>.
일찍 일어나는 새가 벌레를 잡는다.
worm eaten 벌레 먹은

storm
[stɔːrm]
圀 폭풍
bad weather with strong winds

■There was a <u>storm</u> last night.
지난밤에는 폭풍우가 몰아쳤다.
a heavy storm 대폭풍

31일

form
[fɔːrm]
圀 모양, 형식
圐 형성하다
윤shape 형태

■The children <u>formed</u> a circle.
아이들은 줄을 지어 둥근 원을 만들었다.
form a line 열을 짓다

32일

★ **inform**
[infɔ́ːrm]
圐 알리다, 통지하다
in 생각을 안에+form 형성하다 파information 정보

■He <u>informed</u> me of the event.
그는 그 사건을 나에게 알려주었다.

33일

★ **perform**
[pərfɔ́ːrm]
圐 행하다, 연주하다
per 완전히+form 행하다 파performance 수행, 실행

■She <u>performed</u> at the piano.
그녀는 피아노를 연주했다.

34일

★ **reform**
[rifɔ́ːrm]
圐 개선하다, 개정하다

■The traffic law has been <u>reformed</u>.
교통법규가 개정되었다.

35일

uniform
[júːnəfɔ̀ːrm]
圀 제복
圐 한 모양의
uni 하나의+form 형태

■The policeman was in <u>uniform</u>.
그 경찰관은 제복을 입고 있었다.
uniform shape 동일한 모양

36일

공통어미 〈orn〉으로 구성되는 단어

born
[bɔːrn]
圐bear 낳다의 과거분사
윤natural 타고난

■I was <u>born</u> in America.
나는 미국에서 태어났다.

37일

corn
[kɔːrn]
圀 옥수수, 곡물
윤grain 곡식

■They grow <u>corn</u>.
그들은 옥수수를 재배한다.
corn flour 옥수수 가루

38일

horn
[hɔːrn]
圀 뿔, 경적
a brass musical instrument

■Bulls have <u>horns</u>.
소는 뿔이 있다.
an auto horn 자동차의 경적

39일

★ **thorn**
[θɔːrn]
圀 (식물의) 가시

■Roses have <u>thorns</u>.
장미에는 가시가 있다.

40일

165

scorn ★★
[skɔːrn]
  ⊕contempt 경멸

뗑 경멸
됨 경멸하다

■He was <u>scorned</u> by his friends.
그는 친구들에게 경멸을 받았다.

공통어미 〈ort〉로 구성되는 단어

sort ★
[sɔːrt] ▼ort[ɔːrt]
  ⊕kind 종류

뗑 종류

■They sell all <u>sorts</u> of flowers.
그들은 온갖 종류의 꽃을 판다.
sort of insect 곤충의 종류

short
[ʃɔːrt]
  ⊞long 긴, tall 키가 큰

뗺 짧은, 키가 작은

■I am <u>shorter</u> than you.
나는 너보다 키가 작다.
a short trip 짧은 여행

port
[pɔːrt]
  ⊕harbor 항구

뗑 항구, 항구도시

■Pusan is a <u>port</u>.
부산은 항구도시이다.
airport 공항

sport
[spɔːrt]
  ⊞work 일

뗑 운동, 스포츠

■My favorite <u>sport</u> is baseball.
내가 좋아하는 운동은 야구이다.
sporting goods 운동 기구

export ★
뗑[ékspɔːrt] 됨[ekspɔ́ːrt]
  ex 밖으로+port 운반하다

뗑 수출
됨 수출하다

■The opposite of <u>export</u> is import.
'수출' 의 반대는 '수입' 이다.
export cars 자동차를 수출하다

import ★
뗑[ímpɔːrt] 됨[impɔ́ːrt]
  im 안으로+port 운반하다

뗑 수입
됨 수입하다

■Wool is a useful <u>import</u>.
양모는 유익한 수입품이다.
beef imports 쇠고기 수입

passport ★
[pǽspɔ̀ːrt]

뗑 여권

■May I have your <u>passport</u>?
여권을 보여주시겠습니까?
a false passport 위조여권

report ★
[ripɔ́ːrt]
  ⊕inform 알리다

뗑 보고
됨 보고하다

■He is writing his <u>report</u>.
그는 보고서를 쓰고 있다.
a weather report 기상통보

transport ★
[trænspɔ́ːrt]
  ⊞transportation 운송

됨 수송[운송]하다

■He <u>transports</u> the products by truck.
그는 제품을 트럭으로 수송한다.

★ **comfort**
[kʌ́mfərt]   ▼ort[ərt]
com 아주+fort 강하게   圃comfortable 편안한

몡 안락, 위안
통 위안하다

■She lives in <u>comfort</u>.
그녀는 안락하게 살고 있다.

31일

★ **effort**
[éfərt]
ef 밖으로+fort 힘쓰는 것

몡 노력

■I made an <u>effort</u> to understand him.
나는 그를 이해하려고 노력했다.
make an effort 노력하다

32일

공통어미 〈ose〉로 구성되는 단어

33일

rose
[rouz]   ▼ose[ouz]

몡 장미, 장미꽃

■This is a red <u>rose</u>.
이것은 빨간 장미이다.
a beautiful rose 아름다운 장미

34일

close
통[klouz] 휑[klous]
윤near 가까운 톈open 열다

통 닫다, 끝내다
휑 가까운

■<u>Close</u> the door, please.
문을 닫아 주십시오.

35일

pose
[pouz]
윤position 자세

몡 자세, 포즈
통 포즈를 취하다

■The actor <u>posed</u> for photographs.
배우는 사진을 찍기 위해 포즈를 취했다.

★★ **compose**
[kəmpóuz]
com 함께+pose 내놓다

통 구성하다, 작곡하다

■Our class is <u>composed</u> of 24 boys.
우리 학급은 남자 24명으로 구성되어있다.
compose music 음악을 작곡하다

36일

★★ **expose**
[ikspóuz]
ex 밖으로+pose 내놓다

통 드러내다, 폭로하다

■Don't <u>expose</u> your skin to the sun.
피부를 햇볕에 노출시키지 말아라.
expose secret 비밀을 폭로하다

37일

38일

★ **propose**
[prəpóuz]
pre 의견을 앞에+pose 내놓다   윤suggest 제안하다

통 제안하다, 청혼하다

■He <u>proposed</u> a new plan.
그는 새 계획을 제안했다.

39일

★★ **suppose**
[səpóuz]

통 추측[가정]하다,
~라고 생각하다

■I <u>suppose</u> her to be guilty.
나는 그녀가 유죄라고 생각한다.

40일

★ **purpose**
[pə́ːrpəs]   ▼ose[əs]

몡 목적

■What's the <u>purpose</u> of your visit?
당신의 방문 목적은 무엇입니까?

공통어미 〈oss〉로 구성되는 단어

boss
[bɔːs]
㊤head, chief 우두머리

몡두목, 우두머리

■My father is the <u>boss</u> in my house.
아버지께서는 우리집 가장이다.

★ **loss**
[lɔːs]
㋬gain 이득

몡손해, 손실, 잃음

■<u>Loss</u> of health is worse than <u>loss</u> of money.
건강을 잃는 것은 돈을 잃는 것보다 더 좋지 않다.

★ **moss**
[mɔːs]
a very small plant

몡이끼

■A rolling stone gathers no <u>moss</u>.
구르는 돌에는 이끼가 끼지 않는다.

cross
[krɔːs]
to go from one side to other

몡십자가
동가로지르다

■He is <u>crossing</u> the road.
그는 길을 건너고 있다.
The Red Cross 적십자

★ **across**
[əkrɔ́ːs]
a ~을+cross 가로질러

젠저쪽에, ~을 가로질러

■He ran <u>across</u> the street.
그는 거리를 뛰어 건넜다.
across the river 강 건너

공통어미 〈ost〉로 구성되는 단어

cost
[kɔːst]   ▾ost[ɔːst]
㊤expense 비용

몡비용, 값
동비용이 들다

■The <u>cost</u> of this bag is ten dollars.
이 가방 값은 10달러이다.
a great cost 큰 비용

host
[houst]   ▾ost[oust]
㋬guest 손님   ㊉hostess 여주인

몡주인

■The opposite of <u>host</u> is guest.
'주인'의 반대는 '손님'이다.

most
[moust]
빤 least 가장 적은

형 가장 많은, 대부분의
부 가장 최상급

■ <u>Most</u> children like ice cream.
대부분의 아이들은 아이스크림을 좋아한다.

most people 대부분의 사람들

almost
[ɔ́:lmoust]
유 nearly 거의

부 거의

■ He was <u>almost</u> drowned.
그는 거의 빠져 죽을 뻔 했다.

post
[poust]
유 mail 우편

명 우편, 지위
동 붙이다

■ Will you send this by <u>post</u>?
이것을 우편으로 보낼 겁니까?

postcard 엽서

ghost
[goust]   ▼h[묵음]
the spirit of a dead person

명 유령

■ Have you ever seen a <u>ghost</u>?
너는 유령을 본 적이 있니?

a ghost story 유령이야기

공통어미 〈ot〉로 구성되는 단어

hot
[hat]   ▼ot[at]
빤 cold 차가운

형 더운, 뜨거운

■ It was very <u>hot</u> yesterday.
어제는 매우 더웠다.

a hot summer 더운 여름

lot
[lat]
유 plenty 많음

명 많음, 다수, 다량

■ My father has a <u>lot</u> of books.
아버지는 많은 책을 가지고 계신다.

a lot of boys 많은 소년

not
[nat]
동음 knot 매듭

부 ~않다, ~아니다

■ I'm <u>not</u> a student.
나는 학생이 아니다.

pot
[pat]
a round container

명 항아리, 냄비

■ Put the <u>pot</u> on the stove.
냄비를 난로에 올려놓아라.

a flower pot 화분

★ **rot**
[rat]
유 decay 썩다

동 썩다, 부패하다

■ A dead tree will <u>rot</u>.
죽은 나무는 썩는다.

shot
[ʃat]
유 bullet 탄환

명 (총기) 발사, 총탄

■ He took a <u>shot</u> at a bird.
그는 새를 겨냥하여 발사했다.

shot glss (양주용의) 작은 유리잔

31일
32일
33일
34일
35일
36일
37일
38일
39일
40일

★ **blot**
[blɑt]
㉮stain 얼룩

명 얼룩, 흠

■The spilled oil made some <u>blots</u> on the cloth.
엎질러진 기름은 천에 얼룩이 지게 했다.

★ **plot**
[plɑt]
㉮plan 계획

명 음모, 계획

■They took a <u>plot</u> to kill the president.
그들은 대통령을 암살하려는 음모를 했다.
hatch a plot 음모를 꾸미다

★ **spot**
[spɑt]
㉮place 장소

명 점, 얼룩, 장소

■His shirt has some <u>spots</u> on it.
그의 셔츠에는 얼룩이 조금 있다.

carrot
[kǽrət] ▼ot[ət]
car 자동차+rot 썩다

명 당근

■My rabbits want some <u>carrots</u>.
내 토끼는 당근을 먹고 싶어 한다.

pilot
[páilət]
㉮guide 안내원

명 조종사, 안내인
통 안내하다

■He was the <u>pilot</u> of helicopter.
그는 헬리콥터 조종사였다.

robot
[róubət]

명 로봇, 인조인간

■A <u>robot</u> is a machine made to act like a human being.
로봇은 사람처럼 행동하도록 만들어진 기계이다.

공통어미 〈ote〉로 구성되는 단어

note
[nout]
㉮write down 적어두다

명 각서, 메모
통 적어두다

■She <u>noted</u> down my telephone number.
그녀는 내 전화번호를 적어두었다.

★ **vote**
[vout]
㉮election 선거

명 (선거에서의) 표, 투표, 투표권
통 투표하다

■Children don't have the <u>vote</u>.
아이들에게는 선거권이 없다.
vote for ~에게 투표하다

devote ★★
[divóut]
위 dedicate 바치다

⑧ (노력·시간을) 바치다, 쏟다

■ He <u>devoted</u> his whole life to helping the poor.
그는 가난한 사람들을 돕는데 전 생애를 바쳤다.

31일

promote ★★
[prəmóut]
pro 앞으로+mote 움직이다

⑧ 승진시키다, 증진[촉진]하다

■ My father was <u>promoted</u> to manager.
아버지는 관리자로 승진하셨다.

32일

remote ★★
[rimóut]
re 멀리+mote 이동한

⑲ 먼 곳의, 원격의

■ My uncle lives in a <u>remote</u> town.
아저씨는 먼 읍에 살고 계신다.

remote control 원격 조작[제어]

33일

34일

공통어미 〈ouch〉로 구성되는 단어

couch ★
[kautʃ]   ▼ouch [autʃ]
위 bed 침대

⑲ 침상, 소파

■ There were several <u>couches</u> in the hall.
홀에는 몇 개의 소파가 있었다.

couch potato 소파에만 있는 게으른 사람

35일

crouch ★★
[krautʃ]
위 bend down 웅크리다

⑧ 웅크리다

■ Don't <u>crouch</u> your knees.
무릎을 웅크리지 마라.

36일

touch
[tʌtʃ]   ▼ouch [ʌtʃ]
위 reach 닿다

⑧ 손대다, 만지다

■ Don't <u>touch</u> anything on the shelf.
선반 위에 있는 물건에 손대지 마라.

37일

38일

39일

40일

Exercise

step1 영어를 우리말로, 우리말을 영어로 바꾸시오.

1 mood _____

2 outlook _____

3 loose _____

4 chop _____

5 torch _____

6 accord _____

7 uniform _____

8 moss _____

9 blot _____

10 crouch _____

11 복제하다, 클론, 복제 (생물)_____

12 ~에 속하다, ~의 것이다_____

13 홍수, 넘쳐흐르다_____

14 농작물, 수확, 베다, 수확하다 _____

15 물가, 해안[해변], 호숫가 _____

16 개선하다, 개정하다 _____

17 경멸, 경멸하다_____

18 수입, 수입하다_____

19 표, 투표, 투표권, 투표하다 _____

20 먼 곳의, 원격의_____

step2 우리 말과 같은 뜻이 되도록 빈칸을 채우시오.

1 여행을 즐기기 위해 호텔의 숙박기간을 연장했다.

I _____ my stay in the hotel to enjoy the travel.

2 그녀는 다시 듣기 위해 수업을 녹음했다.

She _____ the lecture to listen again.

3 나는 이 박스들을 트럭에 싣느라 모든 하루를 바쳤다.

I _____ my whole day to move these boxes on the truck.

4 그의 비밀은 언론을 통해 전 세계에 폭로되었다.

His secret was _____ to all over the world by media.

5 오늘까지의 모든 노력이 변화를 일으켰다.

All the _____ until today made the difference.

---

step1 1 기분, 마음 2 조망, 경치, 전망 3 헐렁한, 풀린 4 찍다, 자르다 5 햇불 6 일치, 일치하다 7 제복, 한 모양의 8 이끼 9 얼룩, 흠
10 웅크리다 11 clone 12 belong 13 flood 14 crop 15 shore 16 reform 17 scorn 18 import 19 vote 20 remote
step2 1 prolonged 2 recorded 3 devoted 4 exposed 5 effort

172

step3 다음 문장의 문맥에 맞게 알맞은 단어를 고르시오.

1 They are taking a (blot/plot) to rob the money in the bank.

2 You need to take a lot of lessons to (perform/compose) a violin.

3 We are going to sleep (outdoors/indoor) today, so take your clothes.

4 I tried to (ignore/explore) his singing because it was terrible to listen.

5 His (report/cost) showed a great increase of sales.

6 We (supposed/proposed) to start a new project for next year.

7 This photo is the (proof/form) that I visited the park last week.

8 I didn't know the news because no one (reformed/informed) me about that.

9 My father is studying hard to be (proposed/promoted) in the company.

10 There is not enough time to (transport/passport) the loads to Seoul.

step4 다음의 〈보기〉중에서 각 문장의 빈칸에 알맞은 것을 고르시오.

┌─ 보기 ─────────────────────────────┐
   sore   overlook   loss   comfort   scorch
└────────────────────────────────────┘

1 There was a great _____ of lives by the hurricane.

2 We _____ed down the sea from the hotel.

3 I really feel _____ about your mother's news.

4 Please give the best _____ to the guests.

5 The sunlight was _____ing our skin into black.

---

step3 1 plot 2 perform 3 outdoors 4 ignore 5 report 6 proposed 7 proof 8 informed 9 promoted 10 transport
step4 1 loss 2 overlook 3 sore 4 comfort 5 scorch

공통어미 〈oud/owd〉로 구성되는 단어

loud
[laud]
ⓨnoisy 시끄러운

ⓗ목소리가 큰, 시끄러운

■Jim speaks in a <u>loud</u> voice.
짐은 큰 소리로 말한다.
a loud voice 큰 소리

★ **aloud**
[əláud]
ⓟsilently 조용히

ⓟ소리 내어, 큰소리로

■Say new English words <u>aloud</u>.
새 영어 단어를 큰 소리로 말하세요.

cloud
[klaud]
ⓟcloudy 흐린

ⓜ구름

■There is not a <u>cloud</u> in the sky.
하늘에는 구름 한 점 없다.

★ **proud**
[praud]
ⓟhumble 겸손한

ⓗ자랑스러운, 오만한

■I am <u>proud</u> to be a Korean.
나는 한국인인 것이 자랑스럽다.

★ **crowd**
[kraud]
ⓨmultitude 다수, 군중

ⓜ군중, 다수

■A child is crying in the <u>crowd</u>.
인파 속에서 아이가 울고 있다.
in the crowd 인파 속에서

공통어미 〈ough〉로 구성되는 단어

★ **cough**
[kɔːf]   ▼ough[ɔːf]

ⓜ기침
ⓣ기침을 하다

■He <u>coughed</u> hard.
그는 심하게 기침을 했다.
cough hard 기침을 심하게 하다

★ **rough**
[rʌf]   ▼ough[ʌf]
not smooth 거친

ⓗ거칠거칠한, 울퉁불퉁한

■This paper is <u>rough</u>.
이 종이는 거칠거칠하다.
a rough sea 거친 바다

★ **tough**
[tʌf]
ⓨhard 단단한

ⓗ거친, 강인한, 단단한

■I think he is very <u>tough</u>.
나는 그가 대단히 강인하다고 생각한다.
tough paper 질긴 종이

enough
[inʌ́f]
 ㈜sufficient 충분한

　㋵충분한, 필요한 만큼의

■ Ten dollars will be <u>enough</u>.
10달러 있으면 충분할 것이다.

enough food 충분한 식품

공통어미 〈ought〉로 구성되는 단어

* **ought**
[ɔːt]
 ㈜should ~해야 한다

　㋲~해야 한다

■ You <u>ought</u> to do your best.
너는 최선을 다해야 한다.

bought
[bɔːt]
　past of buy

　㋸buy 사다의 과거형

■ I <u>bought</u> this book last week.
나는 이 책을 지난 주에 샀다.

* **fought**
[fɔːt]
　past of fight

　㋸fight 싸우다의 과거형

■ They <u>fought</u> for their country.
그들은 나라를 위해 싸웠다.

* **thought**
[θɔːt]
　past of think

　㋸think 생각하다의 과거형
　㋱생각

■ Don't act without <u>thought</u>.
생각 없이 행동하지 마라.

brought
[brɔːt]
　past of bring

　㋸bring 데리고 오다의 과거형

■ He <u>brought</u> his sister to the party.
그는 파티에 여동생을 데리고 왔다.

공통어미 〈ould〉로 구성되는 단어

could
[kud]
　past of can

　㋲can~할 수 있다의 과거형

■ <u>Could</u> I use your telephone?
전화 좀 써도 되겠습니까?

would
[wud]
　past of will

　㋲will~할 것이다의 과거형

■ I thought he <u>would</u> come.
나는 그가 올 거라 생각했다.

should
[ʃud]

　㋲~을 해야 한다

■ You <u>should</u> study harder.
너는 더욱 열심히 공부해야 한다.

31일
32일
33일
34일
35일
36일
37일
38일
39일
40일

공통어미 〈ound〉로 구성되는 단어

★ **bound**
[baund] ▾ound[aund]
回boundary 경계(선)

뤵묶인, ~해야 하는, ~로 향하는

■The train is <u>bound</u> for seoul.
그 기차는 서울행 기차이다.

★ **found**
[faund]
윤establish 설립하다

뤵기초를 세우다, 창립하다

■They <u>founded</u> a new school in the town.
그들은 시내에 새 학교를 창립했다.

found a new church
새 교회를 창립하다

hound
[haund]
a dog used for hunting

뤵사냥개

■A <u>hound</u> is used in hunting.
사냥개는 사냥하는데 사용된다.

pound
[paund]

뤵파운드 무게 단위
파운드 영국의 화폐 단위

■I bought a <u>pound</u> of butter.
나는 버터 1파운드를 샀다.

a pound note 1파운드 지폐

sound
[saund]
윤healthy 건전한

뤵소리
뤵건전한

■I heard a strange <u>sound</u>.
나는 이상한 소리를 들었다.

a sound mind 건전한 정신

round
[raund]
回square 네모난

뤵둥근
뤵주위에

■I found a <u>round</u> stone.
나는 둥근 돌을 발견했다.

a round table 둥근 탁자

★ **around**
[əráund]
on every side

뤵주위에

■They sat <u>around</u> the fire.
그들은 불 주위에 앉아 있었다.

around the sun 태양의 주위에

ground
[graund]
윤playground 운동장

뤵운동장, 땅

■The <u>ground</u> was covered with snow.
땅은 눈으로 덮여 있었다.

★ **background**
[bǽkgraund]
back 배+ground 경

뤵배경

■We should consider our social <u>background</u>.
우리는 사회적 배경을 고려해야 한다.

background information 예비지식

★ **underground**
[ʌndərgraund]
under 아래의+ground 땅

뤵지하의
뤵지하 철도

■There are many <u>underground</u> in Seoul.
서울에는 많은 지하철이 있다.

underground water 지하수

* **surround**
[səráund]
sur 주변을+round 두르다

동 둘러싸다

■ My house is <u>surrounded</u> by a wall.
우리 집은 담으로 둘러싸여 있다.

31일

* **wound**
[wu:nd]　▼ound[u:nd]
유 injure 상처를 입히다

명 상처, 부상
동 부상을 입히다

■ He was <u>wounded</u> in the arm.
그는 팔에 부상을 입었다.
a serious wound 중상

32일

공통어미 〈ount〉로 구성되는 단어

33일

count
[kaunt]
to say numbers in order

동 세다, 계산하다

■ The boy can <u>count</u> from one to ten.
그 소년은 1에서 10까지 셀 수 있다.

34일

35일

* **account**
[əkáunt]
ac ~쪽으로+count 계산하다

명 계산서, 예금계좌
동 ~을 설명하다

■ My brother has a bank <u>account</u>.
내 형은 은행계좌를 가지고 있다.
the closing account 결산

36일

discount
명 [dískaunt]
동 [diskáunt]
dis 값을 내려+count 계산하다

명 할인
동 할인하다

■ We give ten percent <u>discount</u> for cash.
현금이면 10퍼센트 할인해준다.
the rate of discount 할인율

37일

mount
[maunt]
to climb up 파 mountain 산

동 오르다

■ They are <u>mounting</u> the hill.
그들은 산에 오르고 있다.
mount a horse 말에 오르다

38일

* **amount**
[əmáunt]
유 sum 합계

명 양, 액수, 총계

■ What is the <u>amount</u> of my hotel bill?
제 숙박료는 합계가 얼마입니까?

39일

40일

공통어미 〈oup〉로 구성되는 단어

soup
[su:p]
명 수프
- I ate vegetable <u>soup</u> for lunch.
  나는 점심에 야채수프를 먹었다.
  vegetable soup 야채수프

group
[gru:p]
⨁ crowd 군중
명 그룹, 무리, 집단
- Boys are playing in <u>groups</u>.
  소년들은 그룹을 지어 놀고 있다.
  in groups 그룹을 지어

공통어미 〈our〉로 구성되는 단어

hour
[auər]   ▼our[auər]
a period of 60minutes
명 시간, 시각
- A day is twenty-four <u>hours</u>.
  하루는 24시간이다.

★ **sour**
[sauə:r]
⨁ sweet 단
형 신, 시큼한
- This apple is <u>sour</u>.
  이 사과는 시다.
  sour grapes 신 포도

flour
[flauər]
a powder made from grain
명 밀가루
- Bread is made from <u>flour</u>.
  빵은 밀가루로 만든다.
  wheat flour 밀가루

four
[fɔ:r]   ▼our[ɔ:r]
명 4, 넷
형 4의
- His son is <u>four</u> years old.
  그의 아들은 네 살이다.
  four months 4개월

★ **pour**
[pɔ:r]
⨁ flow 쏟다
동 붓다, 쏟다
- <u>Pour</u> the warm water in the bottle.
  병에 따뜻한 물을 부어라.

tour
[tuər]   ▼our[uər]
⨁ journey 여행   ᠍ tourist 관광객
명 관광, 여행
동 여행하다
- He is on a <u>tour</u> in Europe.
  그는 유럽을 여행 중이다.

공통어미 〈ource/ourse〉로 구성되는 단어

* **source**
[sɔːrs]
　㉠cause 원인

명 원천, 근본, 원인

■ What is the <u>source</u> of trouble?
문제의 원인은 무엇입니까?
energy sources 에너지원

31일

** **resource**
[rísɔːrs]
　re 다시+source 솟아나는 것

명 자원, 재원

■ America is rich in natural <u>resources</u>.
미국은 천연자원이 풍부하다.
natural resources 천연자원

32일

course
[kɔːrs]

명 강좌, 과정, 진로

■ I am going to take a summer <u>course</u>.
나는 하계 강좌를 수강할 예정이다.
of course 물론, 당연히

33일

34일

공통어미 〈ouse〉로 구성되는 단어

house
[haus]　▼ouse[aus]

명 집, 주택

■ Welcome to our <u>house</u>.
저의 집에 오신 것을 환영합니다.
a big house 큰집

35일

mouse
[maus]
　a small, furry animal

명 생쥐

■ The cat killed the <u>mouse</u>.
고양이는 쥐를 죽였다.
mice mouse의 복수형

36일

blouse
[blaus]
　a shirt worn by women

명 블라우스

■ She is wearing a beautiful <u>blouse</u>.
그녀는 아름다운 블라우스를 입고 있다.

37일

* **arouse**
[əráuz]　▼ouse[auz]
　a 강하게+rouse 자극하다

동 일으키다, 깨우다

■ The noise <u>aroused</u> me from my sleep.
그 소리에 나는 잠에서 깼다.

38일

39일

공통어미 〈out〉로 구성되는 단어

out
[aut]

부 밖에[으로], 자리에 없는
떨어져[없어져]

■ Father went <u>out</u> for a walk.
아버지는 산책을 나가셨다.

40일

shout
[ʃaut]
speak loudly

동 외치다, 큰소리로 말하다

■ She <u>shouted</u> at the children.
그녀는 아이들에게 고함쳤다.

about
[əbáut]
유 concerning ~에 관하여

전 ~에 대하여
부 대략, 약, 거의

■ I have no doubt <u>about</u> his success.
나는 그의 성공에 대하여 아무 의심도
하지 않는다.
be about to 막~하려고 하다

★ scout
[skaut]
유 spy 간첩

명 정찰병, 스카우트

■ They sent out <u>scouts</u>.
그들은 정찰병을 보냈다.

without
[wiðáut]
not having something

전 ~없이

■ We cannot live <u>without</u> water.
우리는 물 없이는 살 수 없다.
without air 공기 없이

공통어미 〈ove〉로 구성되는 단어

dove
[dʌv]   ▼ove[ʌv]

명 비둘기

■ The <u>dove</u> is a symbol of peace.
비둘기는 평화의 상징이다.
a little dove 작은 비둘기

love
[lʌv]
반 hate 미워하다   파 lover 애인

명 사랑
동 사랑하다

■ They <u>love</u> each other.
그들은 서로 사랑한다.
fall in love with ~와 사랑에 빠지다

glove
[glʌv]

명 장갑, (야구의) 글러브

■ Put on your <u>gloves</u>.
장갑을 껴라.
a pair of glove 장갑 한 켤레

★ above
[əbʌ́v]
higher than ~보다 위에

전 ~보다 위에
부 위에, 이상으로

■ The picture is <u>above</u> the desk.
그림은 책상 위에 있다.
above average 평균 이상의, 보통이 아닌

move
[mu:v]   ▼ove[u:v]
반 stop 정지시키다   파 movement 움직임

동 움직이다, 이사하다

■ Don't <u>move</u> your head.
머리를 움직이지 마라.

★ remove
[rimú:v]
re 뒤로+move 움직이다

동 옮기다, 치우다, 제거하다

■ Let's <u>remove</u> the dishes first.
우선 접시를 치우자.

prove ★

[pru:v]

ⓠdemonstrate 증명하다

⑧증명하다

■We can <u>prove</u> that the earth is round.
우리는 지구가 둥글다는 것을 증명할 수 있다.

approve ★★

[əprú:v]

ap ~에게+prove 시험해보다

⑧찬성하다, 승인하다

■Father <u>approved</u> our plans.
아버지께서는 우리의 계획을 찬성하셨다.

approve the budget
예산안을 승인하다

improve ★★

[imprú:v]

⑧개선하다, 향상되다

■Computers are <u>improving</u> every day.
컴퓨터는 나날이 향상되고 있다.

31일

32일

33일

34일

35일

36일

37일

38일

39일

40일

공통어미 〈ow〉로 구성되는 단어

bow
[bau]   ▼ow[au]
the act of bowing

명 절, 인사
통 인사하다

■ We <u>bow</u> to our teacher.
우리는 선생님께 머리 숙여 인사한다.
Attention! Bow! 차렷! 경례!

cow
[kau]
a farm animal kept for its milk

명 암소

■ A <u>cow</u> gives us milk.
암소는 우리에게 우유를 준다.

how
[hau]

부 어떻게, 어떤 방법으로

■ My mother knows <u>how</u> to make cake.
어머니는 케이크 만드는 방법을 알고 계신다.
how to drive 운전하는 방법

now
[nau]
반 then 그때

부 지금, 자, 그러면

■ What are you doing <u>now</u>?
지금 무엇을 하고 있니?
right now 지금 당장

wow
[wau]

감 아, 야, 와!

■ <u>Wow</u>, everything looks great!
야, 모든 것이 근사해 보이네!

★ **allow**
[əláu]
유 permit 허락하다 파 allowance 용돈

통 허용하다

■ Smoking is not <u>allowed</u> here.
이곳에서는 금연입니다.

bow
[bou]   ▼ow[ou]

명 활
통 활로 켜다

■ They hunted with <u>bows</u> and arrows.
그들은 활과 화살로 사냥을 했다.
a bow and an arrow 활과 화살

low
[lou]
반 high 높은

형 낮은
부 낮게

■ This chair is too <u>low</u> for me.
이 의자는 나에게 너무 낮다.
a low hill 낮은 언덕

★ **row** [rou]
(유) line, rank 줄, 열

(명) 줄, 열
(동) 배[노]를 젓다

■ We sat in the second row.
우리는 둘째 줄에 앉았다.
row a boat 배를 젓다

sow [sou]
scatter seeds 씨를 뿌리다 (반) reap 베다

(동) 씨를 뿌리다

■ He is sowing in the field.
그는 밭에 씨를 뿌리고 있다.

show [ʃou]
(유) guide 안내하다

(동) 보이다, 보여 주다

■ Show me your passport, please.
당신의 여권을 보여 주세요.

know [nou] ▾k[묵음]
(파) knowledge 지식

(동) 알다, 알고있다

■ I know she is a liar.
나는 그녀가 거짓말쟁이임을 알고 있다.

snow [snou]

(명) 눈
(동) 눈이 오다

■ It is snowing hard.
눈이 몹시 내리고 있다.
snowstorm 눈보라

★ **below** [bilóu]
(반) above 위에

(전) ~보다 아래에
(부) 아래에

■ Write your name below the line.
선 아래에 이름을 써라.
below the horizon 수평선 아래에

★ **flow** [flou]
(유) overflow 넘쳐흐르다

(동) 흐르다, 넘쳐흐르다

■ River flow into the sea.
강물은 바다로 흘러 들어간다.

★ **glow** [glou]
to send out a steady heat

(동) 작열하다, 붉어지다

■ Her face glowed with joy.
그녀의 얼굴은 기쁨으로 붉어졌다.

slow [slou]
(반) fast, quick 빠른

(형) 느린, 늦은
(부) 느리게

■ The train was very slow.
열차는 매우 느렸다.
a slow train 완행 열차

★ **fellow** [félou]
(유) companion 동료

(명) 사람, 남자, 친구

■ They are my school fellow.
그들은 나의 학교 친구들이다.
a stupid fellow 바보같은 녀석

★ **follow** [fálou]
(반) lead 이끌다

(동) 따르다, 따라가다

■ We followed the leader.
우리는 지도자의 뒤를 따랐다.

hollow
[hálou]
having empty space

명 구멍, 우묵한 곳
형 속이 빈

■The fox hid in a <u>hollow</u> log.
여우는 빈 통나무 안에 숨었다.
hollow leg(s) 먹어도 살이 찌지 않는 사람

yellow
[jélou]
the color of lemons

명 노란색
형 노란색의

■I like <u>yellow</u>.
나는 노란색을 좋아한다.
a yellow tie 노란 넥타이

grow
[grou]
become larger 파growth 성장

동 성장하다, 재배하다

■She <u>grows</u> roses in her garden.
그녀는 정원에서 장미를 재배한다.

throw
[θrou]
유hurl 던지다

동 던지다

■Don't <u>throw</u> a stone at the dog.
개에게 돌을 던지지 마라.
throw a vote 투표하다

★ arrow
[ǽrou]

명 화살, 화살표

■An <u>arrow</u> is shot from a bow.
화살은 활에서 쏘아진다.

★ narrow
[nǽrou]
반broad, wide 넓은

형 좁은

■He has a <u>narrow</u> mind.
그는 마음이 좁다.
a narrow street 좁은 거리

★ borrow
[bɔ́:rou]
반lend 빌려주다

동 빌리다, 차용하다

■May I <u>borrow</u> this book?
이 책을 빌릴 수 있습니까?

★ sorrow
[sɔ́:rou]
반joy 기쁨

명 슬픔, 불행

■Her <u>sorrow</u> was very deep.
그녀의 슬픔은 매우 컸다.

tomorrow
[təmɔ́:rou]
the day after today

명 내일

■Are you free <u>tomorrow</u>?
내일은 시간이 있나요?
tomorrow morning 내일 아침

공통어미 〈owl/oul〉로 구성되는 단어

owl
[aul]   ▾owl[aul]

명 올빼미

■Have you ever seen an <u>owl</u>?
너는 올빼미를 본 적이 있니?

★	**fowl** [faul]	명 닭, 가금	■ My father keeps <u>fowls</u>. 내 아버지께서는 닭을 기르신다. **yard fowls** 놓아먹이는 닭
★	**howl** [haul] to make a long noise like a dog	통 개(늑대)가 짖다	■ The dog often <u>howls</u> at night. 개는 밤에 종종 짖는다.
	bowl [boul]　▼owl[oul] a deep, round dish 파 bowling 볼링	명 사발, 주발	■ She ate a <u>bowl</u> of rice. 그녀는 밥 한 그릇을 먹었다. **a bowl of boiled eel and rice** 장어 덮밥
	soul [soul]　▼oul[oul] 유 spirit 영혼	명 혼, 영혼, 정신	■ He put his <u>soul</u> into his work. 그는 자기 일에 정신을 쏟았다. **soul and body** 영혼과 육체

공통어미 〈own〉으로 구성되는 단어

★	**own** [oun]　▼own[oun] 유 possess 소유하다	형 자기 자신의 통 소유하다	■ I started my <u>own</u> business. 나는 내 사업을 시작했다. **own farm** 농장을 소유하다
	down [daun]　▼own[aun] downstairs 아래층으로	전 ~의 아래쪽으로 부 아래로	■ She went <u>down</u> the steps. 그녀는 계단을 내려갔다. **look down** 내려다 보다
	gown [gaun]	명 (여성용) 긴 겉옷, 가운	■ The doctor is wearing a white <u>gown</u>. 의사는 흰 가운을 입고 있다. **evening gown** (여성용) 야회복
	town [taun] 반 country 시골	명 읍, 도시, 도회지	■ My uncle lives in a small <u>town</u>. 나의 삼촌은 작은 도시에서 산다. **town and country** 도시와 시골
★	**downtown** [dauntáun]	부 시내로, 도심지로 명 번화가, 상업 지구, 다운타운	■ She went <u>downtown</u> with her mother. 그녀는 어머니와 함께 번화가로 갔다.
★	**hometown** [houmtáun]	명 고향	■ Seoul is my <u>hometown</u>. 서울은 나의 고향이다.

31일

32일

33일

34일

35일

36일

37일

38일

39일

40일

185

brown
[braun]

명 갈색
형 갈색의

the color of coffee or wood

■She was dressed in <u>brown</u>.
그녀는 갈색 옷을 입고 있었다.

brown hair 갈색 머리

crown
[kraun]

명 왕관

a circular ornament worn by king

■The king is wearing a golden <u>crown</u>.
왕이 금관을 쓰고 있다.

★★ drown
[draun]

동 물에 빠져 죽다, 익사하다
물에 빠져 죽게하다

■He was <u>drowned</u> in the river.
그는 강에 빠져 죽었다.

drown oneself in the Hangang
한강에 투신하다

★★ frown
[fraun]

동 얼굴을 찌푸리다

반 smile 미소짓다

■Mr. Brown is <u>frowning</u>.
브라운 씨는 얼굴을 찌푸리고 있다.

186

31일

32일

33일

34일

35일

36일

37일

38일

39일

40일

공통어미 〈ox〉로 구성되는 단어

ox
[ɑks]
　　a male animal of the cattle

명 수소, 황소

■ The opposite of <u>ox</u> is cow.
　‘수소’의 반대는 ‘암소’이다.

box
[bɑks]
　패 boxer 권투선수

명 상자

■ This <u>box</u> is made of wood.
　이 상자는 나무로 만들어져 있다.
　a box of apples 사과 한 상자

fox
[fɑks]
　　a wild animal

명 여우

■ A <u>fox</u> lives in a hole.
　여우는 굴속에서 산다.
　fox sleep 여우잠

공통어미 〈oy〉로 구성되는 단어

boy
[bɔi]
　　a male child or young man

명 소년, 사내아이

■ He is a bright <u>boy</u>.
　그는 총명한 소년이다.
　boy friend 남자친구

joy
[dʒɔi]
　반 sorrow, grief 슬픔　패 joyous 즐거운

명 기쁨

■ He danced for <u>joy</u>.
　그는 기뻐서 춤을 추었다.

★ **enjoy**
[indʒɔi]
　　to get pleasure

동 즐기다

■ We <u>enjoyed</u> the concert very much.
　우리는 음악회를 매우 즐겼다.

★ **annoy**
[ənɔi]

동 성가시게 하다, 귀찮게 하다

■ The boy <u>annoyed</u> his father.
　그 소년은 아버지의 속을 태웠다.

★ **destroy**
[distrɔi]
　de 반대+stroy 세우다　패 destruction 파괴

동 파괴하다, 죽이다

■ It is wrong to <u>destroy</u> animals.
　동물을 죽이는 것은 나쁜 일이다.
　destroy a building 건물을 파괴하다

* **employ**
[implɔ́i]
em 안에 넣고+ploy 접다

图 고용하다

■We <u>employed</u> him as a waiter.
우리는 그를 웨이터로 고용했다.

employ a guide 가이드를 고용하다

공통어미 〈ub〉으로 구성되는 단어

* **rub**
[rʌb]
逊 scrape 문지르다

图 문지르다, 비비다

■He <u>rubbed</u> his eyes.
그는 눈을 비볐다.

tub
[tʌb]
container used for washing

閔 통, 욕조

■He soaked in the hot <u>tub</u>.
그는 뜨거운 욕조에 몸을 담궜다.

bathtub 목욕통

club
[klʌb]

閔 클럽, 클럽회관

■Tom belongs to tennis <u>club</u>.
톰은 테니스부에 속해 있다.

공통어미 〈uch〉로 구성되는 단어

much
[mʌtʃ]
逊 little 적은

閺 다량의, 많은

■I have <u>much</u> work to do.
나는 할 일이 많다.

much rain 많은 비

such
[sʌtʃ]

閺 이와 같은, 이러한, 그러한

■I have never seen <u>such</u> a big snake.
나는 그렇게 큰 뱀을 본 적이 없다.

공통어미 〈uck〉로 구성되는 단어

duck
[dʌk]
a water bird with a broad neck

閔 오리

■The <u>ducks</u> are swimming in the pond.
오리들이 연못에서 헤엄치고 있다.

luck
[lʌk]
逊 fortune 운 逊 lucky 행운의, 운 좋은

閔 행운

■He had the <u>luck</u> of seeing her.
그는 운 좋게도 그녀를 만날 수 있었다.

good luck 행운

★ **suck**
[sʌk]
　draw liquid into your mouth

동 빨다, 빨아들이다

■ He <u>sucked</u> poison out of a wound.
그는 상처에서 독기를 빨아냈다.
suck one's finger 손가락을 빨다

31일

★ **pluck**
[plʌk]
　to pick flowers or fruit

동 뽑다, (꽃·과일을) 따다[꺾다]

■ They are <u>plucking</u> apples.
그들은 사과를 따고 있다.

32일

truck
[trʌk]
　a vehicle for carrying loads

명 트럭

■ He drives a dump <u>truck</u>.
그는 덤프트럭을 운전한다.
a cargo truck 화물트럭

33일

공통어미 〈ue〉로 구성되는 단어

34일

★★ **due**
[dju:]　　▼ue[ju:]
동음 dew 이슬

형 ~로[에] 인한, ~할 예정인, ~하기로 되어 있는

■ The plain is <u>due</u> to reach Seoul at noon.
비행기는 정오에 서울에 도착할 예정이다.
due date (지급) 만기일

35일

★ **argue**
[áːrɡju:]

동 논쟁하다, 주장하다

■ Let's not <u>argue</u>.
논쟁하지 말자.

36일

blue
[blu:]　　▼ue[u:]
　the color of a clear sky

명 파랑
형 파란, 우울한

■ He looked at the <u>blue</u> sky.
그는 푸른 하늘을 바라보았다.
blue jeans 청바지

37일

★ **clue**
[klu:]
　sth that helps to solve a puzzle

명 실마리, 단서

■ I don't have a <u>clue</u> yet.
나는 아직 단서를 잡지 못했다.

38일

true
[tru:]
반 false 거짓의

형 진실한, 참된, 진짜의

■ It is a <u>true</u> diamond.
그것은 진짜 다이아몬드이다.
a true story 실화

39일

★★ **issue**
[íʃu:]

명 문제, 쟁점
동 발행하다

■ We <u>issue</u> our school paper.
우리는 학교 신문을 발행한다.
political issues 정치 문제[쟁점]

40일

★★ **pursue**
[pərsúː]

동 추구하다, 쫓다

■ The policeman <u>pursued</u> the thief.
경찰관은 도둑을 뒤쫓았다.

공통어미 〈ug〉로 구성되는 단어

bug
[bʌg]
an insect 곤충

명곤충, 작은 벌레

■I hate a <u>bug</u>.
나는 벌레를 싫어한다.

hug
[hʌg]

동꼭 껴안다

■Her mother <u>hugged</u> her tightly.
그녀의 어머니는 그녀를 꼭 껴안았다.

jug
[dʒʌg]
container for liquids

명항아리

■There is much water in the <u>jug</u>.
항아리에는 물이 많이 있다.

rug
[rʌg]
㈜mat, carpet 깔개

명모피, 융단, 깔개

■The table was covered with
a <u>rug</u>.
그 테이블은 융단으로 덮여 있었다.

★ **tug**
[tʌg]
㈜pull 끌어당기다

동잡아당기다, 끌어당기다

■He <u>tugged</u> a car out of the mud.
그는 진흙에 빠진 차를 끌어냈다.
a tug of war 줄다리기

drug
[drʌg]
㈜a medicine 약

명약, 약품

■Try not to take a sleeping <u>drug</u>.
수면제를 먹지 않도록 해 보세요.
be on drugs 마약 중독이다

plug
[plʌg]

명플러그, 마개

■He pulled the <u>plug</u> of a bottle.
그는 병마개를 뽑았다.

공통어미 〈uit〉로 구성되는 단어

suit
[suːt]
㈜fit 어울리다

명신사복

■He is wearing a blue <u>suit</u>.
그는 푸른색 양복을 입고 있다.
dress suit (남자의) 야회복

fruit
[fruːt]

명과일

■I like fresh <u>fruit</u> very much.
나는 신선한 과일을 매우 좋아한다.
tropical fruit 열대 과일

★★ **pursuit**
[pərsúːt]

명추구, 뒤쫓음

■He spent his life in <u>pursuit</u> of
pleasure.
그는 쾌락을 추구하는데 그의 일생을 보냈다.

190

31일

32일

33일

34일

35일

36일

37일

38일

39일

40일

공통어미 ⟨ull⟩로 구성되는 단어

bull
[bul]
　유 ox 황소
　명 황소

■ There are many <u>bulls</u> in this farm.
이 농장에는 황소가 많이 있다.
bull's eye (과녁의) 중심, 명중

★ **dull**
[dul]
　반 sharp 날카로운
　형 따분한, 무딘, 둔한

■ This knife is <u>dull</u>.
이 칼은 무디다.
a dull party 지루한 파티

full
[ful]
　유 complete 완전한
　형 가득한, 충분한

■ The bus is <u>full</u>.
버스는 만원이다.
a full moon 보름달

pull
[pul]
　반 push 밀다
　동 끌다, 잡아당기다

■ They are <u>pulling</u> the rope.
그들은 밧줄을 끌어당기고 있다.
pull the trigger 방아쇠를 당기다

공통어미 ⟨um⟩으로 구성되는 단어

★ **sum**
[sʌm]　　▼um[ʌm]
　total amount 합계
　명 총계, 합계, 총액

■ He has a large <u>sum</u> of money.
그는 많은 액수의 돈을 가지고 있다.

drum
[drʌm]
　musical instrument with a skin
　명 북

■ I heard the sound of <u>drums</u>.
나는 북소리를 들었다.
beat a drum 북을 치다[두드리다]

★ **plum**
[plʌm]
　a soft, red, yellow fruit
　명 자두

■ <u>Plums</u> have a smooth skin.
자두는 매끈매끈한 껍질을 가지고 있다.

★★ **maximum**
[mǽksəməm]　▼um[əm]
　maxim 가장 큰+um 것
　명 최대량
　형 최대의

■ Make your <u>maximum</u> efforts.
최대한의 노력을 해라.

minimum ★★
[mínəməm]
minim 가장 작은+um 것

명 최소량
형 최소의

■ This job will take a <u>minimum</u> of ten days.
이 일은 최소한 10일은 걸릴 것이다.

museum ★
[mjuz:íəm]

명 박물관, 미술관

■ I often go to the art <u>museum</u>.
나는 가끔 미술관에 간다.
the British museum 대영박물관

공통어미 〈umb〉으로 구성되는 단어

dumb ★
[dʌm]　　　▼b[묵음]
unable to speak

형 벙어리의, 말 못하는

■ The poor girl was <u>dumb</u>.
그 가엾은 소녀는 벙어리였다.
dumb things 말 못하는 짐승

numb ★
[nʌm]　　　▼b[묵음]
not able to feel anything

형 감각이 없는

■ His fingers was <u>numb</u> with cold.
그의 손가락은 추위로 감각이 무뎌졌다.

thumb ★
[θʌm]　　　▼b[묵음]
thick finger on each hand

명 엄지손가락

■ I have a <u>thumb</u> and fours fingers.
나는 엄지와 네 개의 손가락을 가지고 있다.

공통어미 〈un〉으로 구성되는 단어

fun
[fʌn]
유 joke 농담　파 funny 재미있는

명 놀이, 재미, 즐거움

■ It is great <u>fun</u> to skate on ice.
얼음 위에서 스케이트를 타는 것은 매우 재미있다.

gun
[gʌn]
유 rifle 소총

명 총, 대포

■ The policeman had a <u>gun</u>.
그 경찰관은 총을 휴대하고 있었다.
a machine gun 기관총

nun ★
[nʌn]

명 수녀

■ My sister is a <u>nun</u>.
나의 누이는 수녀이다.

run
[rʌn]
반 walk 걷다

동 달리다, 냇물이 흐르다

■ He <u>runs</u> very fast.
그는 매우 빨리 달린다.

sun
[sʌn]
🔁 moon 달

명 (the를 붙여) 태양

▪The <u>sun</u> has climbed the sky.
해가 하늘 높이 떠올랐다.
the rising sun 아침 해

공통어미 〈unch〉로 구성되는 단어

★ **bunch**
[bʌntʃ]

명 송이, 다발, 묶음

▪I bought a <u>bunch</u> of grapes.
나는 포도 한 송이를 샀다.
a bunch of bananas 바나나 한 송이
a bunch of flowers 한다발의 꽃

lunch
[lʌntʃ]
a meal you eat at noon

명 점심

▪Let's have <u>lunch</u> now.
이제 점심을 먹자.
lunchtime 점심시간

★ **punch**
[pʌntʃ]

동 구멍을 뚫다, 세게 치다

▪He <u>punched</u> me on the chin.
그는 내 턱을 쳤다.
a hard punch 센 펀치

brunch
[brʌntʃ]

명 늦은 아침밥, 브런치

▪When does <u>brunch</u> service begin on the weekends?
주말 브런치는 언제 제공되나요?

공통어미 〈une〉으로 구성되는 단어

June
[dʒuːn]
the sixth month of the year

명 6월

▪Today is <u>June</u> tenth.
오늘은 6월 10일이다.

★ **tune**
[tjuːn]
유 tone 가락

명 곡, 곡조, 선율

▪These <u>tunes</u> are easy to remember.
이 선율은 외우기 쉽다.
out of tune 음조가 맞지 않는

★ **fortune**
[fɔ́ːrtʃən]
유 good luck 행운
파 fortunately 다행히도

명 운, 행운, 재산

▪He is a man of <u>fortune</u>.
그는 재산가이다.
fortune teller 점쟁이

31일
32일
33일
34일
35일
36일
37일
38일
39일
40일

공통어미 〈ure〉로 구성되는 단어

* **cure**
[kjuər]　　　▼ure[juər]
　㊀heal 치료하다

동 병을 고치다, 치료하다

■ The doctor <u>cured</u> my headache.
의사선생님이 나의 두통을 고쳐 주었다.

** **secure**
[sikjúər]
　se 떨어져 있는+cure 걱정

형 안전한, 튼튼한

■ This is a <u>secure</u> place.
이곳은 안전한 장소이다.
a secure foundation 단단한 토대

** **endure**
[endjúər]

동 견디다, 참다, 인내하다

■ We must <u>endure</u> to the last.
우리는 최후까지 버텨야 한다.

* **pure**
[pjuər]
　㊥impure 불순한

형 깨끗한, 순수한

■ She is <u>pure</u> in heart.
그녀는 마음이 깨끗하다.
pure water 정수, 깨끗한 물

* **sure**
[sjuər]
　㊀certain 확실한　㊊surely 확실히

형 확실한
부 확실히

■ Tell me the <u>sure</u> way.
확실한 방법을 내게 말해주세요.

** **insure**
[inʃúər]

동 보장하다, 보험에 들다

■ Our house is <u>insured</u> against fire.
우리 집은 화재 보험에 들어있다.

* **culture**
[kʌ́ltʃər]　　　▼ure[ər]
　cult 경작+ure 것
　㊊cultural 문화의

명 문화, 교양

■ He is a man of <u>culture</u>.
그는 교양 있는 사람이다.
popular culture 대중 문화

future
[fjúːtʃər]
　㊥past 과거, 과거의

명 미래, 장래
형 미래의

■ He has a bright <u>future</u>.
그에게는 밝은 앞날이 있다.
future events 미래의 사건

gesture
[dʒéstʃər]
　gest 표현을 나르는+ure 것

명 몸짓, 제스처

■ She made an angry <u>gesture</u>.
그녀는 화난 동작을 취했다.

** **lecture**
[léktʃəːr]
　lect 읽는+ure 것

명 강의, 설교

■ The teacher gave a <u>lecture</u> on the health.
선생님은 건강에 관한 강의를 하셨다.

* nature
[néitʃər]
nat 태어날 때의+ure 것
ㅍ natural 자연의

명 자연, 천성, 본질

■ Habit is a second <u>nature</u>.
습관은 제 2의 천성이다.
the law of nature 자연의 법칙

picture
[píktʃər]
pict 그리는+ure 것

명 그림, 사진

■ There is a <u>picture</u> on the wall.
벽에 그림이 걸려 있다.
take a picture 사진을 찍다

공통어미 〈urn〉으로 구성되는 단어

burn
[bəːrn]
to damage by fire

동 타다, 태우다

■ He <u>burned</u> all his letters.
그는 그의 편지를 모두 태웠다.
burn oneself 화상을 입다

turn
[təːrn]
유 go round 돌다

명 회전, 순번, 차례
동 돌다, 돌리다, 변하다

■ <u>Turn</u> the wheel to the left.
핸들을 왼쪽으로 돌리세요.
in turn 차례로, 번갈아, 이번에는

* return
[ritə́ːrn]
유 come back 돌아오다

명 귀환, 반환, 답례
동 돌아오다 [가다],
　돌려주다, 보답하다

■ He <u>returned</u> home late at night.
그는 밤늦게 집에 돌아왔다.
return the favor 은혜를 갚다

31일
32일
33일
34일
35일
36일
37일
38일
39일
40일

195

Exercise

step1 영어를 우리말로, 우리말을 영어로 바꾸시오.

1 ought _____
2 found _____
3 sour _____
4 arouse _____
5 approve _____
6 glow _____
7 bowl _____
8 annoy _____
9 pluck _____
10 dull _____

11 강의, 설교 _____
12 기침, 기침을 하다 _____
13 배경 _____
14 옮기다, 치우다, 제거하다 _____
15 줄, 열, 배[노]를 젓다 _____
16 구멍, 우묵한 곳, 속이 빈 _____
17 문지르다, 비비다 _____
18 추구하다, 쫓다 _____
19 감각이 없는 _____
20 송이, 다발, 묶음 _____

step2 우리 말과 같은 뜻이 되도록 빈칸을 채우시오.

1 나는 내 자신이 자랑스럽다.

I am _____ of myself.

2 우리는 지구가 둥글다는 것을 증명할 수 있다.

We can _____ that the earth is round.

3 그녀는 어머니와 함께 번화가로 갔다.

She went _____ with her mother.

4 우리는 학교 신문을 발행한다.

We _____ our school paper.

5 이곳은 안전한 장소이다.

This is a _____ place.

step1 1 ~해야 한다 2 기초를 세우다, 창립하다 3 신, 시큼한 4 일으키다, 깨우다 5 찬성하다, 승인하다 6 작열하다, 붉어지다 7 사발, 주발 8 성가시게 하다, 귀찮게 하다 9 뽑다, (꽃·과일을) 따다[꺾다] 10 따분한, 무딘, 둔한 11 lecture 12 cough 13 background 14 remove 15 row 16 hollow 17 rub 18 pursue 19 numb 20 bunch
step2 1 proud 2 prove 3 downtown 4 issue 5 secure

196

step3 다음 문장의 문맥에 맞게 알맞은 단어를 고르시오.

① Policemen (around/surround) the thief.

② We give ten percent (discount/account) for cash.

③ Korea is lack of natural (resources/sources) because Japanese took most of them away.

④ His health is (proving/improving) gradually.

⑤ The farmer is (sewing/sowing) seeds in the field.

⑥ Can I (borrow/lend) your car tonight?

⑦ The building was (employed/destroyed) by a bomb.

⑧ He is (dew/due) to speak tonight.

⑨ They are (pushing/pulling) the rope while doing a tug of war.

⑩ The company will (insure/endure) your jewelry against loss.

step4 다음의 〈보기〉중에서 각 문장의 빈칸에 알맞은 것을 고르시오.

┌─ 보기 ─────────────────────────────┐
brought   course   clue   dumb   return
└─────────────────────────────────────┘

① He can't speak because he is _____ .

② The police is looking for _____ of the event.

③ He _____ his sister to the party.

④ I'd like to finish the _____ with an A⁺ grade.

⑤ She will _____ from Italy next year.

---

step3 ① surround ② discount ③ resources ④ improving ⑤ sowing ⑥ borrow ⑦ destroyed ⑧ due ⑨ pulling ⑩ insure
step4 ① dumb ② clue ③ brought ④ course ⑤ return

공통어미 〈urse〉로 구성되는 단어

★★ **curse**
[kəːrs]
명 저주
통 저주하다
뿐 bless 축복하다

■ The rider <u>cursed</u> his horse.
그 기수는 자기 말을 저주했다.
curse each other 서로 저주하다

nurse
[nəːrs]
명 간호사
통 간호하다
person looking after patients

■ The mother <u>nursed</u> her sick child.
그 어머니는 자신의 아픈 아이를 간호했다.

purse
[pəːrs]
명 지갑
a small bag for carrying money

■ I had my <u>purse</u> stolen.
나는 돈지갑을 도둑맞았다.
the public purse 국고

공통어미 〈use〉로 구성되는 단어

use
명[juːs] 통[juːz]
명 사용, 유용
통 쓰다, 사용하다
윤 employ 쓰다 파 useful 유용한

■ May I <u>use</u> your phone?
전화를 사용해도 되겠습니까?

★★ **abuse**
명[əbjúːs] 통[əbjúːz]
명 남용, 욕설
통 남용하다, 학대하다
ab 벗어난+use 사용

■ Don't <u>abuse</u> your authority.
직권을 남용하지 말라.
abuse one's power 권력을 남용하다

★★ **accuse**
[əkjúːz]
통 비난하다, 나무라다, 고소하다
ac ~쪽으로+cuse 이유대다

■ He <u>accused</u> me of my mistake.
그는 나의 잘못을 비난했다.

★ **amuse**
[əmjúːz]
통 재미있게[즐겁게] 하다
a ~을+muse 바라보다 파 amusement 오락

■ His stories <u>amused</u> us.
그의 이야기는 우리를 즐겁게 했다.

★ **excuse**
[ikskjúːz]
통 용서하다, 변명하다
윤 forgive 용서하다

■ I will <u>excuse</u> you this time.
이번에는 너를 용서해 주겠다.
Excuse me! 실례합니다!

* **confuse**
[kənfúːz]
동 혼란시키다, 혼동하다
■I often <u>confuse</u> their names.
나는 가끔 그들의 이름을 혼동한다.

* **refuse**
[rifjúːz]
re 뒤로+fuse 붓다
동 거절하다
■She <u>refused</u> our invitation.
그녀는 우리의 초대를 거절했다.
refuse a request 요청을 거절하다

공통어미 〈ush〉로 구성되는 단어

* **bush**
[buʃ]　▼ush[uʃ]
a large plant with thick stems
명 숲, 수풀, 관목, 덤불
■She hid behind the <u>bush</u>.
그녀는 덤불 뒤에 숨었다.
a thorny bush 가시 덤불

push
[puʃ]
to press on something
동 밀다
■<u>Push</u> the door.
문을 밀어라.
push up a window 창문을 밀어 올리다

* **hush**
[hʌʃ]　▼ush[ʌʃ]
a warning to be quiet
명 침묵
동 조용하게 하다
감 쉿, 조용히
■<u>Hush</u>! someone is coming.
쉿! 누가 온다.

* **rush**
[rʌʃ]
to move quickly
명 돌진
동 돌진하다
■All players <u>rushed</u> at the ball.
모든 선수들이 공을 향하여 돌진했다.

brush
[brʌʃ]
명 솔
동 솔로 털다[닦다]
■<u>Brush</u> your shoes.
구두를 손질해라.
toothbrush 칫솔

* **crush**
[krʌʃ]
to press sth under a heavy weight
동 눌러부수다, 뭉개다
■The roller <u>crushed</u> stones on the road.
롤러가 길가의 돌을 눌러 깨뜨렸다.

공통어미 〈ut〉로 구성되는 단어

but
[bʌt]　▼ut[ʌt]
접 그러나
부 다만
■He is rich, <u>but</u> unhappy.
그는 부유하지만 불행하다.
not A but B A가 아니고 B이다

41일

42일

43일

44일

45일

46일

47일

48일

49일

50일

cut
[kʌt] 동 자르다, 베다
반 unite 이어붙이다

■ She <u>cut</u> watermelon in two.
그녀는 수박을 둘로 잘랐다.
cut away 베어내다

hut
[hʌt] 명 오두막집
a small house made of wood

■ The poor old man lived in a <u>hut</u>.
그 가난한 노인은 오두막집에서 살았다.
a mountain hut 산속의 오두막

nut
[nʌt] 명 견과, 나무 열매
a type of fruit with a hard shell

■ She went out to gather <u>nuts</u>.
그녀는 나무 열매를 주우러 나갔다.

shut
[ʃʌt] 명 닫다

■ <u>Shut</u> your books, please.
책을 덮으세요.

put
[put]　　　▼ut[ut] 동 놓다, 두다
유 place 두다

■ <u>Put</u> your book on the desk.
책을 책상 위에 놓아라.
put on 입다 put off 연기하다, 미루다

공통어미 〈ute〉로 구성되는 단어

cute
[kjuːt] 형 귀여운

■ The baby is so <u>cute</u>.
그 아기는 매우 귀엽다.
do cute things 재롱을 부리다

★ compute
[kəmpjúːt] 동 계산하다
파 computer 계산기, 컴퓨터

■ A bank clerk is <u>computing</u> interest.
은행원이 이자를 계산하고 있다.

★★ dispute
[dispjúːt] 명 논쟁
동 논쟁하다

■ They tired to settle the <u>dispute</u>.
그들은 분쟁을 해결하기 위해 노력했다.
an international dispute 국제 분쟁

★★ pollute
[pəlúːt] 동 오염시키다
파 pollution 오염

■ The river has become <u>polluted</u>.
강이 오염되었다.

공통어미 〈y〉로 구성되는 단어 1

by
[bai]
전 ~의 곁에,
~에 의하여

He stood <u>by</u> the door.
그는 문 옆에 서 있었다.

41일

shy
[ʃai]
형 수줍어하는
반 bold 대담한

Don't be <u>shy</u>.
수줍어 마라.

42일

why
[hwai]
부 왜

<u>Why</u> do you like summer?
당신은 왜 여름을 좋아합니까?

43일

fly
[flai]
명 파리
동 날다, 비행하다
a flying insect

Time <u>flies</u> like an arrow.
시간은 화살같이 빨리 지나간다.
fly high 높이 날다 ; 큰 뜻을 품다

44일

cry
[krai]
동 외치다, 울다
반 laugh 웃다

A boy was <u>crying</u> on the street.
한 소년이 길에서 울고 있었다.

45일

dry
[drai]
형 마른
동 말리다
반 wet 젖은

She gave me a <u>dry</u> towel.
그녀는 나에게 마른 수건을 주었다.
a dry season 건기(乾期)

46일

try
[trai]
동 해보다, 시도하다
유 attempt 시도하다

They always <u>try</u> new things.
그들은 언제나 새로운 일들을 시도한다.
try-on 해보기, 시도, 입어 보기

47일

sky
[skai]
명 하늘

The <u>sky</u> is high and clear.
하늘은 높고 맑게 개어있다.
blue sky 파란 하늘

48일

★ **deny**
[dinái]
동 부정[부인]하다, 거절하다
de 완전히+ny 부정하다

She <u>denied</u> the fact.
그녀는 그 사실을 부인했다.

49일

July
[dʒuːlái]
명 7월
the seventh month of the year

I was born on <u>July</u> fifth.
나는 7월 5일에 태어났다.

50일

★ **rely**
[rilái]
동 ~에 의지하다, 신뢰하다
to have trust in somebody

You may <u>rely</u> on me.
나에게 의지해도 된다.

apply
[əplái]

★ ap ~에+ply 적용하다

통 적용하다, 응용하다, 지원하다

■This rule does not <u>apply</u> to children.
이 규칙은 어린이들에게 적용되지 않는다.

reply
[riplái]

★ re 다시+ply 대답하다

명 대답, 답장
통 대답하다, 답장을 보내다

■He did not <u>reply</u> to my question.
그는 나의 질문에 대답하지 않았다.

supply
[səplái]

★ sup 밑에서부터+ply 채우다

명 공급
통 공급하다

■Cows <u>supply</u> us with milk.
소는 우리에게 우유를 공급하여 준다.

supply and demand 수요와 공급

id="2"

공통어미 〈y〉로 구성되는 단어 2

baby
[béibi]

명 아기

■ The <u>baby</u> is crying.
아기가 울고 있다.
baby sitter 보모

hobby
[hábi]

명 취미

■ My <u>hobby</u> is cooking.
나의 취미는 요리이다.
father's hobby 아버지의 취미

body
[bádi]
반 mind 마음

명 몸, 신체

■ He has a strong <u>body</u>.
그는 몸이 튼튼하다.
the human body 인체

candy
[kǽndi]

명 사탕

■ My sister is fond of <u>candy</u>.
내 여동생은 사탕을 좋아한다.

daddy
[dǽdi]
dad 아빠 반 mommy 엄마

명 아빠

■ Good morning, <u>Daddy</u>.
아빠, 안녕히 주무셨어요.

lady
[léidi]
반 gentleman 신사

명 여성, 숙녀

■ Who is that <u>lady</u>?
저 숙녀는 누구입니까?
Ladies and Gentlemen!
신사숙녀 여러분!

ready
[rédi]

형 준비가 된

■ We are <u>ready</u> to leave.
우리는 떠날 준비가 되어 있다.
Ready! Go! 준비! 시작!

study
[stʌ́di]

명 공부
동 공부하다

■ We <u>study</u> English at school.
우리는 학교에서 영어를 공부한다.
study abroad 유학가다

★ **tidy**
[táidi]

형 정돈된, 단정한

■ She is very <u>tidy</u>.
그녀는 매우 단정하다.
a tidy room 정돈된 방

| ★ **holy**
[hóuli] | 형 신성한 | ■He lives a <u>holy</u> life.
그는 신성한 생활을 하고 있다. |

lily
[líli]   명 백합

■I like <u>lilies</u>.
나는 백합을 좋아한다.
a beautiful lily 아름다운 백합

only
[óunli]   형 단 하나의

■We have an <u>only</u> son.
우리에게는 외아들이 있다.

any
[éni]   형 어떤

■If you need <u>any</u> help, tell me.
도움이 필요하면 나에게 말해.
not ~ any more 더 이상 ~하지 않다

many
[méni]   형 많은

■I have <u>many</u> books.
나는 책을 많이 가지고 있다.
many people 많은 사람들

pony
[póuni]   명 조랑말

■I like to ride my <u>pony</u>.
나는 나의 조랑말 타는 것을 좋아한다.

★ **tiny**
[táini]   형 매우 작은

■Look at the <u>tiny</u> cat.
저 작은 고양이를 보아라.

copy
[kápi]   명 복사, 사본

■Please take a <u>copy</u> of this letter.
이 편지를 복사하시오.

happy
[hǽpi]   형 행복한
⊕glad 기쁜 ⊞unhappy 불행한

■She looks very <u>happy</u>.
그녀는 매우 행복해 보인다.
Happy birthday (to you)!
생일 축하합니다!

★★ **bury**
[béri]   동 묻다, 매장하다
⊞dig 파다

■They are <u>buried</u> under the ground.
그들은 땅속에 묻혀 있다.

country
[kántri]   명 나라, 시골
countryside 시골

■He lives in the <u>country</u>.
그는 시골에 산다.
country club 컨트리클럽
〈테니스·골프·수영 등의
시설이 있는 교외의 클럽〉

every
[évri]
혱 모든, 온갖

■ I study English <u>every</u>day.
나는 매일 영어공부를 한다.

every now and then 때때로, 이따금

★ **glory**
[glɔ́:ri]
몡 영광, 영예
윤honor 영예　밴disgrace 수치

■ He won wealth and <u>glory</u>.
그는 부와 명예를 얻었다.

★ **history**
[hístəri]
몡 역사
판historian 역사학자

■ I like <u>history</u> and music.
나는 역사와 음악을 좋아한다.

hurry
[hʌ́ri]
동 서두르다

■ Don't <u>hurry</u>.
서두르지 마라.

Hurry up! 서둘러!

★ **luxury**
[lʌ́kʃəri]
몡 사치
밴economy 절약

■ She lives in <u>luxury</u>.
그녀는 사치스러운 생활을 하고 있다.

sorry
[sɔ́:ri]
혱 슬픈, 가엾은, 유감스러운

■ I am <u>sorry</u> for him.
나는 그를 가엾게 여긴다.

story
[stɔ́:ri]
몡 이야기
윤tale 이야기

■ He told me an interesting <u>story</u>.
그는 나에게 재미있는 이야기를 해 주었다.

victory
[víktəri]
몡 승리
victor 승리자

■ We won a <u>victory</u> in baseball game.
우리는 야구경기에서 이겼다.

worry
[wə́:ri]
동 괴로워하다
윤annoy 괴롭히다

■ Don't <u>worry</u> about such a thing.
그런 일은 걱정하지 마라.

busy
[bízi]
혱 바쁜
밴free 한가한

■ He is very <u>busy</u>.
그는 매우 바쁘다.

a busy signal (전화중) 통화중 신호

41일

42일

43일

44일

45일

46일

47일

48일

49일

50일

205

beauty
[bjúːti]
파 beautiful 아름다운

명 미, 아름다움

■ I love the <u>beauty</u> of nature.
나는 자연의 아름다움을 좋아한다.
Beauty and the Beast 미녀와 야수

city
[síti]

명 시, 도시

■ Seoul is a big <u>city</u>.
서울은 큰 도시이다.
city hall 시청

★ difficulty
[dífikəlti]
difficult 어려운

명 어려움, 곤란

■ She answered my question
without <u>difficulty</u>.
그녀는 나의 질문에 어려움 없이 대답했다.

★ pity
[píti]

명 연민, 동정

■ I felt <u>pity</u> for the child.
나는 그 아이에게 연민을 느꼈다.

★ liberty
[líbərti]
liber 자유 + ty 명

명 자유

■ Give me <u>liberty</u>, or give me
death.
자유가 아니면 죽음을 달라.

party
[páːrti]

명 모임, 파티

■ We had a <u>party</u> last Sunday.
우리는 지난 일요일에 파티를 열었다.
a birthday party 생일파티

pretty
[príti]

명 예쁜

■ I like this <u>pretty</u> doll.
나는 이 예쁜 인형을 좋아한다.
a pretty penny 큰 돈, 꽤 많은 돈

★ safety
[séifti]
safe 안전한

명 안전

■ Put on the helmet for <u>safety</u>.
안전을 위해 헬멧을 써라.

★ society
[səsáiəti]
유 community 사회

명 사회, 교제

■ She works for the red <u>society</u>.
그는 적십자사에서 일하고 있다.
human society 인간 사회

twenty
[twénty]

명 20
형 20의

■ I'll be <u>twenty</u> (years old)
next year.
내년이면 20살이 됩니다.

thirty
[θɔ́ːrti]

명 30
형 30의

■ You have to go on stage
in <u>thirty</u> minutes.
30분안에 무대로 가야합니다.

forty
[fɔ́ːrti]

명 40
형 40의

■ I used to be a housewife for <u>forty</u> years.
나는 40년 동안 주부였다.

fifty
[fífti]

명 50,
형 50의

■ Five times ten equals <u>fifty</u>.
5곱하기 10은 50이에요.

sixty
[síksti]

명 60,
형 60의

■ One[An] hour has <u>sixty</u> minutes in it.
한 시간은 60분이다.

seventy
[sévənti]

명 70,
형 70의

■ The church was established <u>seventy</u> years ago.
그 교회는 70년 전에 설립되었다.

eighty
[éiti]

명 80,
형 80의

■ The average life span of Korean people is <u>eighty</u>.
한국 사람의 평균 수명은 80세이다.

ninety
[náinti]

명 90,
형 90의

■ My grandmother is past <u>ninety</u>.
할머니께서는 90세가 넘으셨다.

41일

42일

43일

44일

45일

46일

47일

48일

49일

50일

공통음절 〈ber〉로 구성되는 단어

★ **barber**
[báːrbər]
명 이발사
a person who cuts man's hair

■ My father is a <u>barber</u>.
나의 부친은 이발사이다.
a barber's shop 이발소

★ **cucumber**
[kjúːkəmbər]
명 오이
a long, green vegetable

■ I like <u>cucumber</u> very much.
나는 오이를 매우 좋아한다.

number
[nʌ́mbər]
명 숫자, 번호

■ Seven is the lucky <u>number</u>.
7은 행운의 숫자이다.
number one[No. 1] 제 1호, 제 1인자

member
[mémbər]
명 일원, 회원
a person who belongs to a club

■ I am a <u>member</u> of tennis club.
나는 테니스 클럽 회원이다.

remember
[rimémbər]
동 기억하다, 생각해내다
반 forget 잊다

■ I couldn't <u>remember</u> his name.
나는 그의 이름이 기억나지 않는다.

★ **rubber**
[rʌ́bər]
명 고무

■ The gloves are made of <u>rubber</u>.
그 장갑은 고무로 만들어져 있다.
a rubber band 고무 밴드

September
[səptémbər]
명 9월
the ninth month of the year

■ In America school begins in <u>September</u>.
미국에서는 학교가 9월에 시작된다.

October
[ɑktóubər]
명 10월
the tenth month of the year

■ Apples are ripe in <u>October</u>.
사과는 10월에 익는다.

November
[nouvémbəːr]
명 11월
the eleventh month of the year

■ Thanks giving day is in <u>November</u>.
추수감사절은 11월에 있다.

December
명 12월

[disémbər]
  the twelfth month of the year

■Christmas comes in <u>December</u>.
크리스마스는 12월에 온다.

공통음절 〈ble〉로 구성되는 단어

able
형 ~할 수 있는, 유능한

[éibl]
  반 unable ~할 수 없는 파 ability 능력

■I am <u>able</u> to swim.
나는 수영할 수 있다.
an able man 유능한 사람

★ ## fable
명 동화, 우화

[féibl]

■I like a <u>fable</u> very much.
나는 동화를 매우 좋아한다.
Aesop's Fables 이솝우화

table
명 식탁, 테이블

[téibl]
  a piece of furniture

■Don't make noise at the <u>table</u>.
식사 중에 소리를 내지 마라.
a round table 둥근 식탁

★★ ## stable
형 안정된, 공고한

[stéibl]
  유 firm 확고한

■The world needs a <u>stable</u> peace.
세계는 안정된 평화가 필요하다.
a stable life 안정된 생활

bubble
명 거품, 기포

[bʌ́bl]
  a thin ball of liquid

■The children are blowing <u>bubbles</u>.
아이들이 비눗방울을 불고 있다.

double
형 두 배의, 이중의

[dʌ́bl]
  twice as many as

■He did <u>double</u> work today.
그는 오늘 두 배의 일을 했다.
a double bed 2인용 침대

trouble
명 근심, 곤란, 괴로움, 고생, 수고

[trʌ́bl]
  유 pain 고생

■Thank you for your <u>trouble</u>.
수고해 주셔서 감사합니다.
troublemaker 말썽꾸러기, 문제아

★ ## humble
형 겸손한, 천한

[hʌ́mbl]
  반 noble 고상한

■He lives in a <u>humble</u> cottage.
그는 초라한 오두막집에 살고 있다.
humble pie 굴욕

★ ## tremble
동 떨리다

[trémbl]

■His hand <u>trembled</u> with excitement.
그의 손은 흥분으로 떨렸다.

공통음절 〈cle〉로 구성되는 단어

bicycle
[báisìkl]
a two-wheeled vehicle

명 자전거

■ Can you ride (on) a <u>bicycle</u>?
너는 자전거를 탈 수 있니?
a bicycle[bike] race 자전거 경주

circle
[sə́:rkl]
a perfectly round shape

명 원
동 둘러싸다

■ The teacher drew a <u>circle</u>.
선생님은 원을 그리셨다.

★ **miracle**
[mírəkl]

명 기적

■ They say this is a <u>miracle</u>.
이것은 기적이라고들 한다.

★★ **recycle**
[rì:sáikl]

동 ~을 재생하여 이용하다,
재순환하다

■ We collect used papers for
<u>recycling</u>.
우리는 사용한 종이를 재활용하기 위해
모은다.

uncle
[ʌ́ŋkl]
the brother of your mother or father

명 숙부, 아저씨

■ He has an <u>uncle</u> in Seoul.
그는 서울에 숙부가 계신다.

★ **vehicle**
[ví:ikl]
machine that transport people

명 탈 것, 차

■ All <u>vehicles</u> are prohibited
in this street.
이 거리에서는 모든 차량의 통행이
금지되었다.

공통음절 〈der〉로 구성되는 단어

★ **border**
[bɔ́:rdər]
⊕ boundary 경계

명 가장자리, 변두리

■ This tablecloth has a blue
<u>border</u>.
이 식탁보는 가장자리가 파랗다.
border line 국경선

★ **consider**
[kənsídər]
think over carefully

동 숙고하다, 고려하다

■ Let's <u>consider</u> this problem.
이 문제를 잘 생각해보자.
consider ~as ~
~을 ~로 생각하다[여기다]

ladder
[lǽdər]
명 사다리, 사닥다리

■ Never walk under a <u>ladder</u>.
사다리 밑을 걸어가지 마라.

★ **murder**
[mə́:rdər]
to kill sb on purpose
명 살인
동 살해하다

■ War is a kind of <u>murder</u>.
전쟁은 일종의 살인이다.

★ **order**
[ɔ́:rdər]
유 command 명령
명 명령, 주문

■ I will take your <u>order</u>.
주문을 받겠습니다.
obey orders 명령에 복종하다

powder
[páudər]
유 tiny grains 가루
명 가루, 화약

■ The baby's <u>powder</u> smells good.
아기 분은 냄새가 좋다.
soap powder 가루 비누

shoulder
[ʃóuldər]
the part of your body
명 어깨

■ He shrugged his <u>shoulders</u>.
그는 어깨를 으쓱거렸다.

spider
[spáidər]
a small creature that spins webs
명 거미

■ Most <u>spiders</u> spin webs to catch insects.
대부분의 거미들은 벌레를 잡기 위해 거미줄을 친다.

thunder
[θʌ́ndər]
명 우뢰, 천둥, 벼락

■ Are you afraid of <u>thunder</u>?
너는 천둥이 무섭니?

under
[ʌ́ndər]
유 below 아래에
전 ~의 아래에

■ There is a cat <u>under</u> the table.
테이블 아래에 고양이 한 마리가 있다.

★★ **wander**
[wándər]
to go from place to place
동 헤매다, 배회하다

■ I <u>wandered</u> through the woods.
나는 숲속을 헤매었다.

★ **wonder**
[wʌ́ndər]
유 marvel 경이 파 wonderful 경이로운
명 경이, 경탄, 놀라움
동 이상하게 여기다

■ I was filled with <u>wonder</u>.
나는 깊이 감탄했다.
in wonder 놀라서

41일
42일
43일
44일
45일
46일
47일
48일
49일
50일

211

공통음절 〈dle〉로 구성되는 단어

candle
[kǽndl]
몡 양초
■ Please light a <u>candle</u>.
양초에 불을 붙이세요.
light a candle 촛불을 켜다

handle
[hǽndl]
몡 손잡이, 자루
통 다루다
■ Don't <u>handle</u> books with dirty hands.
더러운 손으로 책을 다루지 마라.
a drawer handle 손잡이 고리

★ **cradle**
[kréidl]
a bed for a small baby
몡 발상지, 요람
■ From the <u>cradle</u> to the grave.
요람에서 무덤까지.

★ **idle**
[áidl]
윤 lazy 게으른
톙 게으른, 나태한
■ Look at the <u>idle</u> man!
저 게으른 사람을 봐!
an idle student 게으른 학생

middle
[mídl]
윤 the center 중앙
톙 한 가운데의, 중간의
■ He is a man of <u>middle</u> height.
그는 중간 정도 키의 남자이다.
middle age 중년

needle
[níːdl]
몡 바늘
■ The eye of <u>needle</u> is very small.
바늘 구멍은 매우 작다.
thread a needle 바늘에 실을 꿰다

★ **saddle**
[sǽdl]
몡 (말에 얹는) 안장
■ He put the <u>saddle</u> on his horse.
그는 자기 말 위에 안장을 얹었다.

공통음절 〈fer〉로 구성되는 단어

★ **differ**
[dífər]
판 accord 일치하다   파 different 다른
통 다르다
■ His opinion <u>differs</u> from mine.
그의 의견은 나와 다르다.

* **offer**
[ɔ́ːfər]
㉤propose 제의하다

동 제공하다, 제안하다

■She <u>offered</u> me her help.
그녀가 나에게 도와주겠다고 제의했다.

offer one's a job
~에게 일자리를 제공하다

41일

* **refer**
[rifə́ːr]
㉤mention 말하다

동 말하다, 언급하다

■He <u>refered</u> to the facts of history.
그는 역사적 사실에 대해 언급했다.

42일

* **prefer**
[prifə́ːr]
to like better ~을 더 좋아하다

동 ~보다 ~을 더 좋아하다

■I <u>prefer</u> tea to coffee.
나는 커피보다 차를 더 좋아한다.

43일

공통음절 〈ger〉로 구성되는 단어

44일

* **anger**
[ǽŋgər]　▼ger[gər]
㉤rage 격노　㈜angry 화난

명 노여움, 화, 성

■I hit my brother in my <u>anger</u>.
나는 화가 나서 동생을 때렸다.

45일

* **eager**
[íːgər]
㉤keen 열망하는

형 열심인, 간절한

■He is an <u>eager</u> student.
그는 열심히 하는 학생이다.

be eager after ~을 열망하다

finger
[fíŋgər]
((cf.)) toe 발가락

명 손가락

■Each hand has five <u>fingers</u>.
손에는 5개의 손가락이 있다.

count on one's fingers 손꼽아 세다

46일

47일

* **hunger**
[hʌ́ŋgər]
㉤famine 기아　㈜hungry 배고픈

명 배고픔, 굶주림

■<u>Hunger</u> is the best sauce.
시장이 반찬이다.

tiger
[táigər]
a large wildcat

명 호랑이

■I am afraid of a <u>tiger</u>.
나는 호랑이를 무서워한다.

48일

danger
[déindʒər]　▼ger[dʒər]
㉲safety 안전　㈜dangerous 위험한

명 위험, 위험물

■There is a <u>danger</u> ahead.
앞에 위험물이 있다.

a danger zone 위험 구역[지대]

49일

50일

공통음절 〈gle〉로 구성되는 단어

★ **angle**
[ǽŋgl]
the space between two straight lines

몡 각도, 모

■ These two lines cross at right <u>angle</u>.
이 두 선은 직각으로 교차한다.
triangle 삼각형

eagle
[íːgl]
a large bird of prey

몡 독수리

■ An <u>eagle</u> has a strong beak.
독수리는 강한 부리를 가지고 있다.

jungle
[dʒʌ́ŋgl]
윤 forest, wood 숲

몡 밀림, 정글

■ He cut the path through the <u>jungle</u>.
그는 밀림을 뚫고 길을 냈다.

single
[síŋgl]
팬 double 이중의

혱 단 하나의, 독신의, 혼자인

■ He is still <u>single</u>.
그는 아직 혼자이다.
a single room 1인용 방

★★ **struggle**
[strʌ́gl]

동 투쟁하다
몡 투쟁

■ He <u>struggled</u> with the big wave.
그는 큰 파도와 싸웠다.

공통음절 〈ple〉로 구성되는 단어

apple
[ǽpl]

몡 사과

■ Would you like some <u>apples</u>?
사과 좀 드시겠어요?

couple
[kʌ́pl]
윤 a pair 한 쌍

몡 두 개, 한 쌍, 부부

■ Tom and Judy are nice <u>couple</u>.
톰과 주디는 좋은 부부이다.
a new married couple 신혼 부부

people
[píːpl]
human beings 사람들

몡 사람들

■ Many <u>people</u> went to see the game.
많은 사람들이 그 경기를 보러 갔다.
the common people 서민

purple [pə́:rpl] a dark color	뗑 자줏빛 뗑 자줏빛의	■His face became <u>purple</u>. 그의 얼굴은 자줏빛이 되었다.
sample [sǽmpl] 빵 example 보기	뗑 견본, 본보기	■Send me a <u>sample</u>, please. 견본을 보내 주세요.
simple [símpl] 빵 plain 검소한	뗑 간단한, 쉬운, 순진한	■He is as <u>simple</u> as a child. 그는 아이처럼 순진하다. a simple life 검소한 생활
temple [témpl] a building used for worship	뗑 사원, 신전	■Greek <u>temples</u> were beautifully built. 그리스 신전은 아름답게 건축되었다.

공통음절 〈ter〉로 구성되는 단어

after [ǽftər] 빵 behind 뒤에	뗑 ~후에, ~다음에	■Winter comes <u>after</u> fall. 겨울은 가을 다음에 온다. one after another 잇따라, 차례로
better [bétər] more excellent or suitable	뗑 더 좋은 good, well의 비교급 뗑 더욱 well의 비교급	■I like summer <u>better</u> than spring. 나는 봄보다 여름을 더 좋아한다. had better ~하는 편이 낫다
★ bitter [bítər] 뺑 sweet 단	뗑 쓴	■This medicine tastes <u>bitter</u>. 이 약은 쓰다. a bitter experience 쓰라린 경험
butter [bʌ́tər] a soft food made from cream	뗑 버터	■<u>Butter</u> is made from milk. 버터는 우유로 만든다.
daughter [dɔ́:tər] 뺑 son 아들	뗑 딸	■They have two <u>daughters</u>. 그들은 딸이 둘 있다.
letter [létər] a written message sent by mail	뗑 편지, 문자, 글자	■I am writing a <u>letter</u>. 나는 편지를 쓰고 있다. a capital[small] letter 대[소]문자

41일
42일
43일
44일
45일
46일
47일
48일
49일
50일

master
[mǽːstər]
판 servant 사환

명 주인
동 정통하다

■ He is the <u>master</u> of the house.
그는 그 집의 주인이다.
a station master 역장

matter
[mǽtər]

명 문제, 물질

■ <u>Matter</u> exists in three forms.
물질은 세가지 형태로 존재한다.
What's the matter? 무슨 일이야?

quarter
[kwɔ́ːrtər]
((cf.)) half 반

명 4분의 1, 15분

■ Its a <u>quarter</u> to eight.
8시 15분 전이다.

★ scatter
[skǽtər]
판 gather 모으다

동 뿌리다, 흩어지다

■ The farmer <u>scattered</u> seeds over the fields.
농부는 밭에 씨를 뿌렸다.
be scattered 뿔뿔이 흩어지다

sister
[sístər]
판 brother 형제

명 자매, 여자 형제
누나, 언니

■ How many <u>sisters</u> do you have?
너는 여자 형제가 몇 명 있어?

theater
[θíːətər]
a place where plays are performed

명 극장

■ We often go to the <u>theater</u>.
우리는 가끔 극장에 간다.
a movie theater 영화관

41일

42일

43일

44일

45일

46일

47일

48일

49일

50일

공통음절 〈tle〉로 구성되는 단어

★ **battle**
[bǽtl]
㈜ fight 싸움

명 싸움, 전투

■ He was killed in <u>battle</u>.
그는 전사했다.
battlefield 싸움터

bottle
[bátl]
plastic container for liquid

명 병

■ Please give me a <u>bottle</u> of milk.
우유 한 병 주세요.
a bottle of ink 잉크 한 병

castle
[kǽsl]

명 성, 성곽

■ There are many old <u>castles</u> in Europe.
유럽에는 옛 성이 많이 있다.

cattle
[kǽtl]
cows, bulls and oxen

명 소, 가축

■ The <u>cattle</u> are eating grass.
소가 풀을 뜯고 있다.

★ **gentle**
[dʒéntl]
㈜ kind 상냥한

형 상냥한, 부드러운

■ She has a <u>gentle</u> heart.
그 여자는 마음이 상냥하다.
a gentle heart 상냥한 마음

kettle
[kétl]
container used for boiling water

명 주전자, 솥

■ The <u>kettle</u> is boiling.
주전자의 물이 끓고 있다.

little
[lítl]
반 much 많은

형 작은, 적은, 귀여운

■ There is a <u>little</u> water in the bottle.
병에는 물이 조금 있다.
one's little brother[sister] 동생[누이동생]

title
[táitl]
the name of a book

명 제목, 표제

■ What is the <u>title</u> of that book?
그 책의 표제는 무엇입니까?

turtle
[tə́ːrtl]
sea reptile with a hard shell

명 바다 거북

■ Have you ever seen a <u>turtle</u>?
바다 거북을 본 적이 있나요?

217

기타 〈th〉로 끝나는 단어

bath
[bæθ]
washing of your whole body

명 목욕

■Jim is taking a <u>bath</u> now.
짐은 지금 목욕을 하고 있다.
a cold bath 냉수욕

math
[mæθ]
short for mathematics

명 수학

■Tom is good at <u>math</u>.
톰은 수학을 잘한다.

★ **path**
[pæθ]

명 길, 좁은 길

■We walked along a <u>path</u>.
우리는 좁은 길을 따라 간다.
the path of a hurricane
허리케인의 진로

both
[bouθ]

형 양쪽의
대 양쪽 다

■<u>Both</u> houses are big and tall.
두 집 모두 크고 높다.

★ **birth**
[bəːrθ]
coming into life

명 출생, 탄생

■She gave <u>birth</u> to a son.
그녀는 아들을 낳았다.
birthday 생일

earth
[əːrθ]
반 heaven 하늘

명 지구, 땅

■The <u>earth</u> moves around the sun.
지구는 태양의 주위를 돈다.
earthquake 지진

month
[mʌnθ]
mon=moon 달

명 달, 월

■He will be back next <u>month</u>.
그는 다음 달에 돌아올 것이다.
last month 지난 달

north
[nɔːrθ]
반 south 남쪽 파 northern 북쪽의

명 북쪽
형 북쪽의

■My room faces <u>north</u>.
내 방은 북향이다.
the north wind 북풍

★ **worth**
[wəːrθ]
유 value 가치 파 worthless 가치 없는

형 가치 있는

■This book is <u>worth</u> reading.
이 책은 읽을 만한 가치가 있다.

mouth
[mɑuθ]

명 입

■Open your <u>mouth</u>.
입을 벌리세요.

south
[sauθ]
📕명 남쪽
📕형 남쪽의
📕반 north 북쪽   📕파 southern 남쪽의

■ Our house faces to the <u>south</u>.
우리 집은 남향이다.
the south wind 남풍

★ **youth**
[ju:θ]
📕명 청춘, 젊음
📕파 young 젊은

■ He is full of <u>youth</u>.
그는 젊음이 넘쳐 있다.

tooth
[tu:θ]
📕명 치아, 이
one used for chewing food

■ My <u>tooth</u> came out.
이가 빠졌다.
a false tooth 의치

★ **smooth**
[smu:θ]
📕형 매끄러운, 평온한
📕반 rough 거친

■ The sea was <u>smooth</u>.
바다는 잔잔했다.
a smooth road 평평한 길

★ **wealth**
[welθ]
📕명 부, 재산
📕유 riches 부   📕파 wealthy 부유한

■ Health is better than <u>wealth</u>.
건강이 재산 보다 낫다.

공통어근 〈ceive〉로 구성되는 단어

★★ **conceive**
[kənsíːv]
📕동 마음에 품다, 생각하다
con 함께+ceive 갖다

■ They couldn't <u>conceive</u> any good plan.
그들은 좋은 계획이 전혀 떠오르지 않았다.

★★ **deceive**
[disíːv]
📕동 속이다, 기만하다
dec 멀리+ceive 갖고가다

■ Don't try to <u>deceive</u> me.
나를 속이려고 하지 마라.

★★ **perceive**
[pərsíːv]
📕동 지각하다, 알아차리다
per 철저히+ceive 받아들이다

■ I <u>perceived</u> a change in the temperature.
나는 온도의 변화를 감지했다.

★ **receive**
[risíːv]
📕동 받다, 맞아들이다
re 뒤에서+ceive 잡다

■ Let's <u>receive</u> them warmly.
그들을 따뜻하게 맞이합시다!

41일
42일
43일
44일
45일
46일
47일
48일
49일
50일

기타 〈day〉로 구성되는 단어

Sunday
[sʌ́ndei]
  sun 해, 태양

명 일요일

■I go to church on <u>Sunday</u>s.
나는 일요일에 교회에 간다.
last Sunday 지난 일요일

Monday
[mʌ́ndei]
  Mon=moon 달

명 월요일

■<u>Monday</u> is the second day of the week.
월요일은 1주일 중 두 번째 날이다.
Monday morning 월요일 아침

Tuesday
[tjú:zdei]

명 화요일

■<u>Tuesday</u> is the third day of the week.
화요일은 1주일 중 세 번째 날이다.

Wednesday
[wénzdèi]

명 수요일

■<u>Wednesday</u> is the fourth day of the week.
수요일은 1주일 중 네 번째 날이다.
Wednesday evening 수요일 저녁

Thursday
[θə́:rzdèi]

명 목요일

■<u>Thursday</u> is the fifth day of the week.
목요일은 1주일 중 다섯 번째 날이다.
Thursday night 목요일 밤

Friday
[frʌ́idèi]

명 금요일

■<u>Friday</u> is the sixth day of the week.
금요일은 1주일 중 여섯 번째 날이다.
Friday morning 금요일 아침

Saturday
[sǽtərdèi]

명 토요일

■<u>Saturday</u> is the seventh day of the week.
토요일은 1주일 중 일곱 번째 날이다.
last Saturday 지난주 토요일

birthday
[bə́:rθdèi]
  birth 출생

명 생일

■My <u>birthday</u> is January first.
나의 생일은 1월 1일이다.
birthday party 생일파티

everyday
[évridèi]
  every 모든

형 매일의, 날마다

■He told us about his <u>everyday</u> life.
그는 우리에게 그의 일상생활에 대해서 말해주었다.

holiday
[hálədèi]

명 휴일, 휴가

■ Next Friday is a <u>holiday</u>.
다음 금요일은 휴일이다.

national holiday 국경일

today
[tədéi]

명 오늘

■ What day is <u>today</u>?
오늘은 무슨 요일입니까?

today's paper 오늘신문

yesterday
[jéstərdèi]

명 어제

■ <u>Yesterday</u> was my birthday.
어제는 나의 생일이었다.

공통어근 〈duce〉로 구성되는 단어

★ introduce
[ìntrədjú:s]
  intro 안으로+duce 이끌다

동 소개하다

■ Let me <u>introduce</u> myself.
제 소개를 하겠습니다.

★★ produce
[prədjú:s]
  pro 앞으로+duce 이끌다
  파 product 제품

동 생산하다, 낳다

■ This factory <u>produces</u> cars.
이 공장에서는 자동차를 생산한다.

★★ reproduce
[riprədjú:s]

동 재생하다, 재현하다,
재연하다

■ The tape recorder <u>reproduced</u>
his voice vividly.
녹음기는 그의 목소리를 생생하게
재생했다.

★★ reduce
[ridjú:s]
  re 뒤로+duce 이끌다

동 줄이다, 감소하다

■ You must <u>reduce</u> speed.
너는 속력을 줄여야 한다.

reduce one's weight 체중을 줄이다

41일
42일
43일
44일
45일
46일
47일
48일
49일
50일

221

공통어근 〈ment〉로 구성되는 단어

★ **comment**
[kάment]
com 깊이+ment 생각한 것

명 논평
동 논평하다

■ He <u>commented</u> that the movie was good.
그는 그 영화가 좋다고 평했다.
a negative comment 부정적인 논평

★ **document**
[dɔ́kjumənt]
docu 기록하다+ment 것

명 문서

■ Letters and diaries are <u>documents</u>.
편지와 일기는 문서이다.
public document 공문서

★★ **element**
[éləmənt]
파 elementary 초보의, 초등학교의

명 요소, 성분

■ Health is a great <u>element</u> in happiness.
건강은 행복의 큰 요소이다.
a key element 주요소

★★ **experiment**
[ikspérəmənt]
experi = try

명 실험, 시도

■ He made <u>experiment</u> in electricity.
그는 전기실험을 했다.

★ **instrument**
[ínstrəmənt]
in 안에+stru 세우는+ment 것

명 기구, 악기

■ What <u>instrument</u> do you play?
너는 무슨 악기를 연주하니?
a musical instrument 악기

moment
[móumənt]
mo 움직이는+ment 때

명 때, 순간

■ I waited for a <u>moment</u>.
나는 잠시 동안 기다렸다.
for a moment 잠시 동안

★★ **monument**
[mάnjumənt]
monu 생각나게+ment 하는 것

명 기념비, 유물

■ This tower is our best <u>monument</u>.
이 탑은 우리의 최고 기념물이다.

공통어근 〈mit〉로 구성되는 단어

★★ **admit**
[ədmít]
ad ~쪽으로+mit 보내다 ㈜allow 허락하다
동 허락하다, 인정하다

■ He admitted his fault.
그는 잘못을 시인했다.
admit the fact 사실을 인정하다

★★ **commit**
[kəmít]
com 함께+mit 보내다
동 죄를 범하다, 위탁하다

■ She commited her child to Jane.
그녀는 아이를 제인에게 맡겼다.
commit crime 죄를 범하다

★★ **permit**
[pə:rmít]
per 완전히+mit 보내다 ㈜grant 허락하다
동 허락하다, 허가하다

■ Smoking is not permitted here.
여기서는 금연이다.

★★ **submit**
[səbmít]
sub 밑으로+mit 보내다
동 복종[항복]하다, 제출하다

■ You had better submit.
너는 항복하는 게 낫다.

공통어근 〈nounce〉로 구성되는 단어

★★ **announce**
[ənáuns]
an ~에게+nounce 알리다 ㈜announcement 발표
동 발표하다, 알리다

■ They announced the winner.
그들은 우승자를 발표했다.

★ **pronounce**
[prənáuns]
pro 앞에서+nounce 말하다
동 발음하다

■ How do you pronounce this word?
이 단어를 어떻게 발음합니까?

공통어근 〈scribe〉로 구성되는 단어

★★ **ascribe**
[əskráib]
a ~에게+scribe 쓰다
동 ~의 탓으로 하다

■ Don't ascribe his success to luck.
그의 성공을 행운 탓으로 돌리지 마세요.

★★ **describe**
[diskráib]
de 아래에+scribe 쓰다
동 묘사하다, 설명하다

■ Can you describe that scene?
저 장면을 설명할 수 있습니까?

41일
42일
43일
44일
45일
46일
47일
48일
49일
50일

공통어근 〈solve〉로 구성되는 단어

★ **solve**
[salv]

통 풀다, 해결하다

■ I can't <u>solve</u> the problems.
나는 그 문제를 풀 수 없다.

★★ **resolve**
[rizálv]
re 완전히+solve 풀다

통 해결하다, 다짐하다, 결심하다

■ Bill <u>resolved</u> to get up early.
빌은 일찍 일어나기로 결심했다.

기타 〈ther〉로 끝나는 단어

★ **either**
[íːðər]

형 어느 한쪽의
부 ~도 또한

■ I don't like math, <u>either</u>.
나는 수학도 좋아하지 않는다.
either way 어느 쪽이든

★ **neither**
[níːðər]

부 ~도 아니고 ~도 아니다

■ We have <u>neither</u> money nor power.
우리는 돈도 없고 힘도 없다.

other
[ʌðər]

형 다른, 그밖의

■ I have <u>other</u> things to do.
나에게는 해야 할 다른 일들이 있다.

another
[ənʌðər]

형 또 하나의, 다른 하나의

■ Please give me <u>another</u> cup of coffee.
커피 한 잔 더 주세요.

★ **bother**
[báðər]

통 괴롭히다

■ Don't <u>bother</u> me.
나를 귀찮게 하지마.

feather
[féðər]

명 깃, 깃털

■ Fine <u>feathers</u> make fine birds.
털이 고와야 새도 예쁘다. (옷이 날개다)

weather
[wéðər]

명 날씨, 일기

■ The <u>weather</u> is cloudy today.
오늘은 날씨가 흐리다.
weather forecast 일기 예보

★ **whether** [hwéðər]	쩹 ~인지 아닌지	▪I will ask him <u>weather</u> he can swim. 나는 그가 수영할 수 있는지 없는지 물어볼 것이다.
★ **gather** [gǽðər]	통 모으다, 수집하다	▪He is <u>gathering</u> fallen leaves. 그는 낙엽을 모으고 있다.
★ **rather** [rǽðər]	뿌 오히려, 차라리, 약간, 다소	▪He is a writer <u>rather</u> than a scholar. 그는 학자라기 보다는 오히려 작가이다.

공통어근 〈view〉로 구성되는 단어

★ **view** [vjú:]	명 견해, 전망	▪What is your <u>view</u> on the matter? 그 일에 대한 당신의 의견은 무엇입니까? wonderful view 훌륭한 조망
★ **review** [rivjú:] re 다시+view 보다	통 복습하다, 검토하다	▪Let's <u>review</u> this lesson. 이 과를 복습하자.
★ **interview** [íntərvjù:] inter 서로+view 보다	명 회견, 인터뷰, 면접	▪We had an <u>interview</u> with the president. 우리는 대통령과 회견했다. a job nterview 취업 면접

공통어근 〈volve〉로 구성되는 단어

| ★★ **evolve**
[iválv]
e 밖으로+volve 돌리다 | 통 진화하다 | ▪All creatures have <u>evolved</u>.
모든 생명체는 진화해 왔다. |
| ★★ **involve**
[inválv]
in 안에 넣고+volve 돌리다 | 통 포함하다 | ▪It <u>involves</u> great expenses.
그것은 많은 비용이 따른다. |

41일
42일
43일
44일
45일
46일
47일
48일
49일
50일

Exercise

step1 영어를 우리말로, 우리말을 영어로 바꾸시오.

1 compute _____

2 deny _____

3 tidy _____

4 society _____

5 liberty _____

6 humble _____

7 vehicle _____

8 idle _____

9 offer _____

10 smooth _____

11 저주, 저주하다 _____

12 남용, 욕설, 남용하다, 학대하다 _____

13 묻다, 매장하다 _____

14 기억하다, 생각해내다 _____

15 안정된, 공고한 _____

16 뿌리다, 흩어지다 _____

17 지각하다, 알아차리다 _____

18 발음하다 _____

19 소개하다 _____

20 포함하다 _____

step2 우리 말과 같은 뜻이 되도록 빈칸을 채우시오.

1 논쟁이 끝이 나질 않았다.

There was no end to the _____.

2 이 규칙은 어린이들에게 적용되지 않는다.

This rule does not _____ to children.

3 수고해 주셔서 감사합니다.

Thank you for your _____.

4 비록 실패할지라도 해볼 가치는 있다.

It is _____ attempting even though we fail.

5 모든 생명체는 진화해 왔다.

All creatures have _____.

---

step1 1 계산하다 2 부정[부인]하다, 거절하다 3 정돈된, 단정한 4 사회, 교제 5 자유 6 겸손한, 천한 7 탈 것, 차 8 게으른, 나태한
9 제공하다, 제안하다 10 매끄러운, 평온한 11 curse 12 abuse 13 bury 14 remember 15 stable 16 scatter
17 perceive 18 pronounce 19 introduce 20 involve
step2 1 dispute 2 apply 3 trouble 4 worth 5 evolved

226

step3 다음 문장의 문맥에 맞게 알맞은 단어를 고르시오.

1 The clerk (accused/excuse) him of theft.

2 I (amuse/confuse) myself with reading books in my leisure time.

3 The prisoner headed for the (order/border) but the police were hot on his heel.

4 Early European settlers used to (prefer/refer) to America as the New World.

5 He breeds (cattle/kettle) for the market.

6 Never be (deceived/conceived) outward appearance.

7 Students are required to (admit/submit) their term paper.

8 This invention is (ascribed/described) to Mr. Kim.

9 We have (either/neither) money nor power.

10 He (wandered/wondered) all over the world.

step4 다음의 〈보기〉중에서 각 문장의 빈칸에 알맞은 것을 고르시오.

> ─ 보기 ─
> supply   tremble   murder   experiment   commit

1 The boy was _____ to the care of his uncle.

2 Her lips _____ with anger.

3 The government _____ sufferers with clothing.

4 The court convicted him of _____.

5 The scientist made the _____ in electricity.

step3 **1** accused **2** amuse **3** border **4** refer **5** cattle **6** deceived **7** submit **8** ascribed **9** neither **10** wandered
step4 **1** commit **2** tremble **3** supply **4** murder **5** experiment

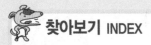

찾아보기 INDEX

열공 왕초짜 **첫걸음** 시리즈

혼자서 손쉽게 외국어의 기초를 다진다!

· 혼자서 손쉽게 외국어의 기초를 다진다!

· 발음부터 대화문 듣기까지 한 권으로 정복한다!

· 들리는 대로만 따라하면 저절로 외국어회화가 된다!

KakaoTalk
플러스친구
1:1상담

GO! 첫걸음 시리즈

누구나 쉽게 배우는 **외국어 시리즈!**

완전 쉬우요~

★ 4×6배판 / MP3 CD

★ 4×6배판 / 저자직강 MP3 CD

합본부록 초간단 일본어 글씨본

★ 4×6배판 / 저자직강 MP3 CD

합본부록 초간단 중국어 발음노트

★ 4×6배판 / MP3 CD

★ 4×6배판 / MP3 CD

합본부록 광동어 발음의 모든것

★ 4×6배판 / MP3 CD

합본부록 한국어-인도네시아어 단어장

한권으로 끝내는 **외국어 시리즈~**

공통어미로 외우는

초간단
영단어
46일
완성

1600

저자 이휘발
감수 정대성

1판 1쇄 2018년 11월 1일   발행인 김인숙   발행처 디지스
Editorial Director 김인숙   표지디자인 김소아   Printing 삼덕정판사

139-240
서울시 노원구 공릉동 653-5

대표전화   02-963-2456
팩시밀리   02-967-1555
출판등록   제 6-694호

ISBN 978-89-91064-85-0

⊕Digis 는 디지털 외국어 학습을 실현합니다.

불규칙동사의 체계적 암기

현재, 과거, 과거분사가 같은 것

cast 던지다	cast	cast
read (책을)읽다	read	read
sweat 땀흘리다	sweat	sweat
shed (피를)흘리다	shed	shed
bet 내기하다	bet	bet
let ~하게하다	let	let
set 놓다	set	set
rid 제거하다	rid	rid
hit 치다	hit	hit
spit 침을뱉다	spit	spit
cost (비용이)들다	cost	cost
cut 자르다	cut	cut
shut 닫다	shut	shut
put 놓다	put	put
quit 그만두다	quit	quit
hurt 해치다	hurt	hurt
burst 파열하다	burst	burst
must ~해야하다	must	must
thrust 떠밀다	thrust	thrust

과거, 과거분사가 같은 것

awake 깨다	awoke	awoke
make 만들다	made	made
shall ~일 것이다	should	should
can ~할 수 있다	could	could
stand 일어서다	stood	stood
hang 매달다	hung	hung
catch 잡다	caught	caught
have 가지다	had	had
lay 놓다	laid	laid
may ~일지도 모르다	might	might
pay 지불하다	paid	paid
say 말하다	said	said
teach 가르치다	taught	taught
deal 다루다	dealt	dealt

mean 의미하다	meant	meant
lean 기대다	leant	leant
	leaned	leaned
learn 배우다	learned	learned
	learnt	learnt
hear 듣다	heard	heard
leap 뛰다	leapt	leapt
leave 떠나다	left	left
cleave 쪼개다	cleft	cleft
flee 도망치다	fled	fled
feed 먹이다	fed	fed
bleed 출혈하다	bled	bled
speed 속력을 내다	sped	sped
breed 기르다	bred	bred
seek 찾다	sought	sought
feel 느끼다	felt	felt
kneel 무릎꿇다	knelt	knelt
keep 지키다	kept	kept
weep 울다	wept	wept
creep 기다	crept	crept
sleep 자다	slept	slept
sweep 쓸다	swept	swept
meet 만나다	met	met
sell 팔다	sold	sold
tell 말하다	told	told
smell 냄새맡다	smelt	smelt
spell ~의 철자이다	spelt	spelt
dwell 거주하다	dwelt	dwelt
bend 구부리다	bent	bent
lend 빌려주다	lent	lent
rend 찢다	rent	rent
send 보내다	sent	sent
spend 소비하다	spent	spent
get 얻다	got	got
stick 찌르다	stuck	stuck
hide 감추다	hid	hid
abide 남다, 살다	abode	abode
slide 미끄러지다	slid	slid
dig 파다	dug	dug
fight 싸우다	fought	fought
light 불을 붙이다	lit	lit
strike 때리다	struck	struck

gild 금을 입히다	gilt	gilt
	gilded	gilded
build 짓다	built	built
will ~할 것이다	would	would
spill 엎지르다	spilt	spilt
	spilled	spilled
win 이기다	won	won
spin 실을 잣다	spun	spun
bind 묶다	bound	bound
find 발견하다	found	found
wind 감다	wound	wound
grind 빻다	ground	ground
shine 빛나다	shone	shone
bring 가져오다	brought	brought
cling 매달리다	clung	clung
fling 내던지다	flung	flung
sling 던지다	slung	slung
string 실에 꿰다	strung	strung
sting 쏘다	stung	stung
swing 흔들거리다	swung	swung
think 생각하다	thought	thought
slink 살금살금 걷다	slunk	slunk
spit 침을 뱉다	spat	spat
hold 손에 쥐다	held	held
shoot 사격하다	shot	shot
lose 잃다	lost	lost
burn 불태우다	burnt	burnt
buy 사다	bought	bought

불규칙동사

take 붙잡다	took	taken
wake 깨다	woke	waked
		woken
shake 흔들다	shook	shaken
mistake 오해하다	mistook	mistaken
fall 떨어지다	fell	fallen
am ~이다	was	been
are ~이다	were	been
is ~이다	was	been
draw 당기다	drew	drawn
break 깨뜨리다	broke	broken

speak 말하다	spoke	spoken
steal 훔치다	stole	stolen
bear 낳다, 참다	bore	born
tear 찢다	tore	torn
wear 입다	wore	worn
swear 맹세하다	swore	sworn
eat 먹다	ate	eaten
beat 때리다	beat	beaten
see 보다, 알다	saw	seen
swell 부풀다	swelled	swollen
forget 잊다	forgot	forgotten
sew 바느질하다, 깁다	sewed	sewed
		sewn
ride 타다	rode	ridden
lie 눕다	lay	lain
swim 헤엄치다	swam	swum
begin 시작하다	began	begun
ring 울리다	rang	rung
sing 노래하다	sang	sung
spring 뛰다	sprang	sprung
sink 가라앉다	sank	sunk
drink 마시다	drank	drunk
shrink 수축하다	shrank	shrunk
rise 일어나다	rose	risen
bite 물다	bit	bitten
write (글을)쓰다	wrote	written
drive 운전하다	drove	driven
give 주다	gave	given
forgive 용서하다	forgave	forgiven
do 하다	did	done
go 가다	went	gone
come 오다	came	come
choose 선택하다	chose	chosen
blow 불다	blew	blown
grow 자라다	grew	grown
throw 던지다	threw	thrown
know 알다	knew	known
sow 씨를 뿌리다	sowed	sown
show 보이다	showed	shown
overflow 넘쳐흐르다	overflowed	overflown
run 달리다	ran	run
fly 날다	flew	flown